U0540500

举手向苍穹

一个校长的教育手记

Raise
your hand
to the sky

原卫华
/
著

图书在版编目（CIP）数据

举手向苍穹：一个校长的教育手记 / 原卫华著.
武汉 ：长江文艺出版社，2025. 4. --（大教育书系）.
ISBN 978-7-5702-3947-4

Ⅰ. G4-53

中国国家版本馆 CIP 数据核字第 2025XT1011 号

举手向苍穹 ：一个校长的教育手记
JUSHOU XIANG CANGQIONG ：YIGE XIAOZHANG DE JIAOYU SHOUJI

| 责任编辑：施柳柳　万钟诺 | 责任校对：程华清 |
| 封面设计：扁　舟 | 责任印制：邱　莉　韩　燕 |

出　版：长江出版传媒 ｜ 长江文艺出版社
地　址：武汉市雄楚大街268号　　邮编：430070
发　行：长江文艺出版社
http://www.cjlap.com
印　刷：湖北新华印务有限公司

开本：710 毫米×970 毫米　1/16　　印张：19.75
版次：2025 年 4 月第 1 版　　2025 年 4 月第 1 次印刷
字数：280 千字

定价：48.00 元

版权所有，盗版必究（举报电话：027—87679308　87679310）
（图书出现印装问题，本社负责调换）

序　一点点裂缝，一点点光芒

干国祥

这世上有太多"成功校长"，书本上、杂志上、视频上、报告厅里……到处充溢着成功的声音，令我这样的人心生厌倦，略有恐惧。我经常想，教育的有些问题，或许就是对"成功"的过度追逐所导致。

原校长主持过的学校都很偏僻，虽然是在省城，若用古诗来形容，恐怕也是"移家虽带郭，野径入桑麻。近种篱边菊，秋来未著花"。

从一开始，它们就与"大获成功"无关，就像是庶出的孩子，安安静静活着就是某种宿命——关键是你如何不自卑，如何不在乎别人的显赫，而单纯地活出自己的美丽来。

其实这才是我最钟意的教育：宁可没有目光的过度关注，也要换来教育的从容不迫。

但是，如何对抗必然的平庸？如何在日复一日的琐碎的重复中，保持着生机，以及幸福？

原校长的书写，是我特别喜欢的一种教育书写：不是正儿八经、长篇累牍的论述文，她并不企图把一个问题一次性说清楚；也不是有头有尾的教育叙事，因为只有非常例外的奇迹，才需要首尾俱全地讲述。

她书写的，是日常教育生活的破裂。

每一个日子仿佛都像是在重复，哪怕你做"全人之美"课程，每天的弦歌悠扬，每天的晨诵、午读、暮省，都有可能蜕变为机械的、没有生机的重复。所以，我们必须保持一种眼光，让日常生活保持着轻微的破裂。

我试图去书稿里寻找一些例子，却发现那些裂缝都完美地镶嵌在那些日子里，我如果不引用那些日常性，就不能展示那些裂缝的意义之所在。

对夕阳的凝望，镶嵌在白日的操劳，与熙熙攘攘的人群里，于是少年时对生命意义的追问，《小王子》里孤独男孩一天里几十次凝望夕阳的图像，都被糅合在读者的图像里。

是的，不是文字创造了一个完备的画面，而是文字能唤醒读者的意识、想象、灵感。

这和那些出售完美策略、详细方法的教育书籍完全不同。或许因为原校长认为自己并不是"全人之美"课程的首批原创者，所以拥有了轻松解决教育问题和课程问题能力的她，并不书写这些客观方法，相反，她总是写一些最主观的碎片，里面都是不可抄袭的灵感。

因为这些书写并不是为抽象的读者而作的，它们真的是镶嵌在生活中的，相信那些一起穿越过岁月的人，会觉得每一个字都有场景，都很鲜活。

这样的书写对阅读者提出了要求，要求阅读者有足够的教育想象力，或者说，有足够的教育经历，有过无数次类似的彷徨、疑惑、灵光一闪。

这不是一本告诉你怎么做教育的书，这是一本告诉教育人（教师、父母）怎么在教育中坚持做自己的书——坚持做自由、灵性、安静的自我，并把它们当成教育的前提，或者解放的良药，简称"解药"。这大概就是这本书，这些书写的最大价值。

这是真正的教育散文，形散而神不散。或者，这是教育中的绝句、俳句、长短句，特别的凝练、干净，那些留白，几乎就是刻意的努力——尽量不把一切说尽了，而让读者自己的灵感涌现出来，流动起来。

最终，这就是一种教育理念：致力于灵性，而不是致力于填充；更相信岁月，而不是依赖于奖惩；愿意去率先，而不是去控制……

如果教育有时被迫在重复，那么这些文字，不仅仅是在重复中带去了差异，而且本质上，它是让差异在重复，让每一个日子就像一首首绝句，在相似的平平仄仄中，有着绝不雷同的意义。

目录

第一辑　安顿好自己，为教育打上明亮的底色

保持敏感心，修炼钝感力 / 003

工作，爱，以及自由 / 007

我 42 岁，亭亭玉立 / 010

当你"准备好了"，才能享受生命中的"不确定" / 015

"多反思自己，少抱怨别人"，这是很难但很重要的事 / 019

不要在低层次里消耗自己 / 024

爱，自由，榜样——我的育儿关键词 / 028

教育就是从"幼人之幼"到"老人之老" / 034

第二辑　以热爱为力量，向教育更深处漫溯

热情，热情，还是热情！ / 043

写给新老师：你的课堂为什么会低效？ / 049

给新老师的一些课堂管理建议 / 055

你所有的才华，都可以借教师这个职业发挥得淋漓尽致 / 064

纵然世界总在变化，但生活不会亏待那些不变的人 / 066

做个幽默的老师 / 069

老师，请记住，你的标准决定着你的行为 / 073

老师的眼里要容不下"沙子" / 077

老师需要有全局思维 / 081

教育做得越久，我越不敢轻易评判对错是非 / 085

老师，请给孩子多一点帮助，少一些评判 / 088

作为一名老师，只有课下非常努力，面对学生时才能显得毫不费力 / 094

对自我要求太高的孩子，同样需要帮助 / 097

让孩子成为一个幸福的平凡人，应该成为教育的底线 / 104

爱孩子从来不是一件简单的事 / 109

第三辑　以理解为重心，让教学走向扎实有效

有思考地教教材，适当使用PPT / 115

一年级，"分层作业"要慎重 / 121

先教课文还是先教生字？ / 126

说说拼音学习那点事儿 / 132

这样教《对韵歌》，恕我不敢苟同 / 142

《葡萄沟》家常课教学设想 / 148

应似飞鸿踏雪泥 / 156

以终为始的习作单元教学

　　——三下第五单元教学实践及设想 / 166

"语文园地"怎么教？

　　——以二下"语文园地二"为例 / 176

五下第一单元古诗三首：诗人眼里的"童年" / 192

干干净净教课文

——一年级《我多想去看看》教后记 / 198

习作单元背景下《金色的草地》课堂实践 / 210

围绕语文要素和课后习题展开教学设计

——三上《秋天的雨》/ 221

第四辑　以文化为引领，让所有生命自由绽放

闲话"校长" / 241

校长李未 / 248

性格温和的人能不能做校长？ / 255

不要成为让老师讨厌的校长 / 259

"三风一训"不应只贴在墙上，也应刻进心里 / 264

有一种幸福，叫"我教的" / 267

我心中的最美大课间 / 274

所有的规则都要伴随着解释 / 278

专业，意味着自动化能力越来越强 / 283

学校是允许孩子犯错的地方 / 287

工作中，绝大多数时候用不着发脾气 / 291

不要让班主任成为学校里最弱势的群体 / 295

员工可以流动，究竟是私立学校的优势还是劣势？ / 300

第一辑

安顿好自己，
为教育打上明亮的底色

人生于世，需要源源不断的成就感来为自己赢得生命的尊严，这种成就感一部分来源于工作，尤其是创造性的工作。而要想有更多的时间和精力投入到有创造性的工作中，就需要安顿好自己：修好一颗心，为工作打上明亮的底色。

保持敏感心,修炼钝感力

敏感心,就是一颗不麻木的心

保持敏感心,其实就是保持一颗不麻木的心。

看见花儿会驻足,看见柳芽儿会感动,阳光下看着孩子欢笑会感受到他们活泼泼的生命力;读一首诗歌会感动,听一首歌曲会感伤,牵着儿女的小手会觉得幸福并想把这样的感觉留住……你用全部的感官在品味生活,在全方位地感受生命,也因此更容易捕捉到生活中的小确幸,视免费的阳光、身体的健康以及和谐的家庭为最宝贵的财富,有很多满足、很多快乐,有幸福的能力。

但很多人是麻木的,甚至包括很多孩子。

生命有时仿佛沦为一日三餐,沦为机械化的劳作,如果这只是你生命旅程中短短的一段时间,那么它也是有意义的。毕竟,作为不断在高潮低潮中起伏的生命,也应该有相对低谷的时期。但如果一直处在这样的状态中,那么,人之为人的意义便被消泯了。我们需要过一种被省察的生活。

觉醒的生命,追求意义,追求价值,追求快乐。每一个不快乐的日子都不是你的。

由我们自身,再向上、向下追溯。如果说我们的很多父辈因为童年经受了饥饿贫寒,没有受过良好的教育,他们的心不够敏感,那么我们的孩子,大多从小衣食无忧，车接车送，他们对万事万物的敏感之心又是被什么夺去了呢？

好的教育，就在于保全或激活孩子的这颗敏感心。为什么要给孩子读大量的绘本故事？为什么我们每天清晨要把美好的诗歌带给孩子？为什么一天的学习由美妙的器乐开启？为什么要让孩子在十岁左右穿越整整一年的古诗词——"农历的天空下"之旅？……我们所做的一切，都是希望孩子成为一个整全的人、立体的人、大写的人，卓然而立。

你想要教出什么样的孩子，你就要先成为什么样的人。

钝感力，让自己更快乐

敏感是必要的，钝感也是必要的。

过于敏感的人，像一个弱不禁风的瓷娃娃，稍一碰撞就会受伤，会碎裂。这样的人，自己很累，与他/她一起生活的人，也很累。

而一个人成熟的标志之一，就是有一定的钝感力，能控制或消化自己的情绪，不被别人的评价左右，能客观公正地对待和处理别人的评价。

在刘润对话樊登的一篇文章里，刘润问到樊登一个关于员工管理的问题，樊登说：我们只招"成年人"。

他所指的"成年人"，就是那些清楚地知道自己要什么，并且愿意为之付出努力的人。

解决问题而不是抱怨，明确目标而为之努力，这是成年人的两个特点。

说起来不难，做起来不容易。

我们太容易被自己的情绪左右，太容易被几句"难听话"弄得情绪低落，我们不仅在美好的事物面前敏感，在别人的评价里也同样敏感，甚至更敏感。

所以，修炼钝感力，是很多人要做的功课。

如何修炼钝感力？

其一，看对方的初心。

举个例子，最近这几个月，我常被魏智渊老师"批评"。就像一个孩子如果总不在父母身边，隔着距离去看，他/她哪都好；但是如果老在父母眼皮子底下晃悠，尤其是他/她做的事与自己的期望值有差距，就难免想批评他/她。所以，家里被批评得最多的孩子往往是做事最多的孩子，不做事的，自然也没啥毛病。

挨了魏老师批评，有时确实委屈，这件事我明明跟你汇报过、沟通过了，你当时是那样说的，现在怎么又这样说了？这件事情明明是那个人没有安排到位，怎么又赖我头上了？……而且，你站在他跟前，还根本说不出道理。他的道理更有说服力，你还没张口就先气短了。

但内心里，你还是会接受批评，并愿意承受这样的"委屈"。因为你知道他是真心实意地为你好，想要提升你，想要帮助你。那么，受点委屈算什么？你要做的是努力站在他的角度去理解他思考问题的方式，取其长补其短，想办法去把事情做好。

同理，我在学校随机听课，课后跟老师反馈时也习惯直接说不足或可以改进的地方。如果每次评课都要小心翼翼得像保护新老师一样先把优点列一大堆，效率太低了，我也没有那么多时间。所以，直接告诉你问题所在，利此利彼。

其二，运用同理心。

"伤害"我们的人，常常是熟悉的人。这就好办了。因为熟悉他/她，你就能懂得他/她、理解他/她：他/她之所以"伤害"我，是因为他/她是从别的角度思考问题的，还是因为他/她就是这样的性格？是因为他/她心是好的但不善表达，还是因为……

找到原因，理解了，再采取下一步措施：是需要再跟他/她深度沟通一下呢，还是用合适的方式提醒他/她一下？是向他/她表达自己的感受呢，还是不用在意、不必追究？

很多事情，当你运用同理心，理解对方的时候，你的心结便解开了。

其三，把事情放在更大的背景下，看淡。

这一条适用于我们被不熟悉的人或改变不了的事所"伤害"。

拿老师来说，需要面对形形色色不同的家长。绝大多数家长都是可以通过坦诚沟通达成共识，得到理解的，这自然是好的。但有极个别的家长，确实是很难沟通的。那么，让目光从这一位家长身上移开，看到更多家长的认可和支持，看到自己在教育工作中感受到的幸福，看到自己生命和生活中那些更美好的东西。

还有一些事情，是你用尽全力之后也改变不了甚至是失败的。那么，把它当成自己生命中一份值得珍惜的经历，不被失败所伤，不被伤害所伤，不丧失对自己的信任和对未来的希望，这也是钝感力的一种表现。

钝感力的强弱，决定了你生命的韧性。韧性越强的人，生命力越强。

在美好面前保持敏感心，在挫折面前修炼钝感力，做个每天都快乐的人。

工作，爱，以及自由

1

早上听一本关于教育的有声书，听了一半，一些地方很受触动，顺手分享到了学校教师群，继续听。边听，边想起了特雷莎修女的那句话：我们无法在人间做大事，我们只能用大爱来做小事。

这里的"大爱"指的是什么呢？我想，可以定义为"大视野，大格局"。当一个人有足够大的视野和格局的时候，他/她才能把所谓的"小事"做好。比如做教育，只有在你深入地了解一个生命的成长规律，了解教育的发展史以及当今多样的教育形态，精通你所任教的那门学科的知识时，你才具备了"大爱"的基础的心性结构，才知道怎样能更好地做好一件又一件教育的"小事"。如果你还有正确的人生观、良好的哲学思维以及高超的教育教学技巧，你简直就是个完美的老师。

所以，所谓"大爱"，不是指一个人多么善良、多么无私、多么有爱心，而应该是一份综合素养——你站在哪里，哪里就有光，不仅照亮自己，也照亮你因缘世界中的人，以及你所从事的事业。

这也是南明教育致力于教师专业发展时，为什么那么注重研读心理学、哲学、教育学的原因。有"大爱"的老师，才能带出优秀的学生和班级。

2

环看身边的人，我有一种比较强烈的感觉：一个人的性格，与他/她的事业，也息息相关。

骨子里，我是个喜欢自由的人，这可能与我童年的经历有关。喜欢自由的人，一定程度上也会喜欢孤独。所以，我常一个人做事。曾经一个人旅行，一个人逛街，一个人带孩子，喜欢一个人吃饭，一个人开车，一个人待着。

但这不意味着绝对不需要别人，毕竟，在与他人的关系中，在社会交往中，我们能获得爱和认可。需要交流，这是人的社会属性。写公众号，发视频号，晒朋友圈，都是人的社会属性的需求。我们需要在人群中获得存在感。

只是，在独处时，更能感觉到自我的存在，即我是世界的主角。

所以，我抵抗"被安排"的生活。但是有一些"被安排"，表面上看是屈服或屈从，其实是自己内心经过反复掂量后的自我选择——说服了自己，就成全了别人。就怕说服不了自己，又抗拒不了"被安排"。

回到事业上来。

喜欢自由，一定程度上，也意味着喜欢自己做主的权力。做老师时，为什么要做班主任？因为班主任是自由的。我想缔造一个怎样的班级，我想给学生带去什么样的东西，我想怎样跟家长交往……我心中有想法，能按自己的想法做。

延伸到做了校长——我想做一所什么样的学校，我想打造什么样的学校文化，我期待的老师是什么样子，我期待的家校关系是什么样子……虽然要不断学习，要虚怀若谷，要兼听慎思，要接受指导，但自己是一所学校的领导者，在不断反思和调整中一点点把团队带好，把事情做好，这便是一种自由。

所以，很多时候，在外人眼里，我的性格不适合做校长，我也曾深深地怀疑过自己，以所谓的标准对照自己。但也许，以前的我，以及他们，都只是视野狭窄，见过的校长类型太少了。

　　君子不器。君子者，善者。上善若水也。

　　根据角色去调整自己，同时保持核心的东西（真诚、专注、用心、学习力）不变，在爱和自由中飞翔。

我42岁，亭亭玉立

起这样一个自恋的题目，实在不是我的风格。要知道，"谦卑"像贴在我灵魂上的标签，我心里一直有个更完美的自己，似乎一步之遥却永远触不可及。

但是，"亭亭玉立"，却是我常有的感觉。

1

学校举行了"相约仲夏，一起回'加'"（学校名叫"加斯顿小学"）毕业生返校活动，我本想默默地做个幕后工作者——是的，做些幕后工作更符合我的性格，细致地策划呀，写篇文章给人加油呀……但是，这次不得不被推到台前。

那就尽力而为吧。

主持词在活动举行的三天前失眠的那个晚上写了个雏形，剩下的部分一直到活动举行前一天的上午十一点多才充实完。

写完主持词，午饭后开始梳洗打扮，程序与平时无异。仅化妆这一步，大约十分钟就能搞定，照照镜子，自我感觉良好。但这面镜子像是王后的魔镜，有时我下班回来，自觉一天下来疲惫得要命，洗手时镜前一照，仍旧神采奕然。但学校的镜子里，脸上明明写满了疲倦。

我扭身站在门槛外，对沙发上的H先生说："给我照个相。"

他举起手机，给我拍了一张照片。

"我都42岁了，为什么有时候还会有亭亭玉立的感觉？"看着照片，我问H先生。

"那多好！"他说。

真的，有时候拾掇完准备上班时，会感觉到身体里有一股挺拔的生命力，然后就会想起"亭亭玉立"这个词；或者走在夏天夜晚的风里，温和的风从发梢吹过，从面颊和手臂吹过，吹起裙角拂在皮肤上，我感觉自己亭亭玉立地行走于大地上，夜色，世界，和我，融为一体。

多么私人的感受啊！

"你说，四十多岁了还没有胖，是不是很幸运？"我问。

"不是很幸运，简直是太幸运！"这是他的常用句式。

但是转念一想，亭亭玉立的感觉不仅缘于未发福的身材，也因为这个轻皮囊里还藏着一颗简简单单的少女心。

2

六一儿童节时，王钢校长在朋友圈里提问：你是在哪一刻才意识到自己不再是个孩子了？

我想了想：我从没有觉得自己是个孩子，但我也从未长大。

是的，我好像从小就爱思考。我和小伙伴一起玩耍，跳绳抓子儿跳皮筋……但我回想起童年来，总是一个瘦弱的女孩睁着大大的眼睛打量着周围的世界，她似乎与所有人都有着距离，她从没有觉得自己是个孩子。

现在，她42岁了。她也从来没有觉得自己是个大人。18岁生日前一两天的某个刹那，她心里突然有一道神奇的门打开了，将那时那刻那个与现在的身高体重并无差异的女孩置于茫茫宇宙中、历史长河里，过往所学过的知识、所思考过的问题在那一刹那使她拥有了更宏大的视角。从此，这种宏大，就成了她生命和生活的背景。

她为人师、为人妻、为人母……这些"大人"的事她做得很好，该她做的事她一定担当，但她从不觉得自己是个大人。

3

就这样，带着一颗少女心，走到了中年。

还当上了校长。

跟 H 先生聊起最近对学校工作的思考，我说："真的，有时候你要让我讲一堆理念，我真讲不出来。但是事到跟前，我真的知道怎么做，而且错误率很低。"

"对，你的一大优势就是在关键点上能做对的事。"他说。

读刘润的文章《真正的沟通高手，都是怎么沟通的？》，文中讲到的四点我都非常认同，并且对照自己，似乎一直是这么做的（也可能是潜意识中认为自己是这么做的）。但确实在很多事情上，我是跟着自己的感觉走。有些事情会反反复复在心里思考、权衡，在这个基础上再去与别人交流，就能在处境中找到最好的解决问题的办法。

一天早上看到魏智渊老师在"海拔五千"中写道：校长不好当，当过就知道。但是这个岗位很锻炼人的自我调节能力、全局观、系统思考能力（包括提出问题的能力）、解决复杂问题的能力……经历了这些，你往往会变成另一个人。

深以为然。

全局观和系统思考能力，这是做校长必备的素质，只有在此基础上才可能拥有解决复杂问题的能力。

有时候跟别人交流，常会听到他们说："原校长，你也真不容易。"

是的，很多时候，我也觉得挺不容易，但不容易不是应该的吗？想做好一件事，想过好这一生，很难容易。在岁月的长河里，有轻轻松松能完成的大事吗？即使你有天赋，也同样需要付出努力。"不容易"本就是人生常态，唯有宏大的生命背景、游戏精神，才能让"不容易"真正变成劳绩，从而在大大小小的瞬间，让生活升腾出诗意。

一天晚上，我给怡斐老师留言：

我今天看着小旋风的演出，突然想，他们需要更大的舞台，到更大的世界去展示自己。孩子们这样的状态跟你这几年付出的努力真的有太大关系了！种豆南山下，草稀豆苗盛。本就该是这个样子呀！

第二天早上，怡斐老师回复：

可能一直带他们，不是特别能感受到那种变化和成长。这半年还总是觉得成长停滞了，觉得什么都弄不好（主要原因在我）。昨天跟小姚聊天时我还说过，随着他们越来越大，总是害怕自己不够专业、能力不够，把孩子给耽误了。

我说：就这样带着恐惧全力以赴。于己，已倾尽全力，不留遗憾；于娃，已足够幸运，遇到好的课程，好的老师。相信岁月深处，自有礼物。

怡斐说：嗯呢，这马上五、六年级了，对我来说也是大挑战。得不断更新我的经验。

我说：乐趣也正在其中。

是的，乐趣也正在其中。加斯顿小学的绝大多数老师都像怡斐一样在努力地突破自己，这个过程确实很难，但"不完美是上天给予人最好的礼物"，越是艰难的跋涉，越在到达目的地时会有巨大的成就感、愉悦感；轻轻松松的路，最易使人空虚。

每学年末，都是系统思考新学年工作的时期，因为新的学年意味着新的起点，新的成长契机。于我，六月更像"年关"，要把新一年的各项工作都大致规划好。

在加斯顿小学任职的每一年都有不同的挑战，要想学校越来越好，自己也必须越来越好。一切管理都是自我管理。

新学年，教研必须重回"朴素"，调动一切可用的资源把课程往深处扎；共读要更注重实效，走好了再跑；课堂要高效，每个科目都要做到课堂高效，有哪些行动可以达成这个目标？……

路确实不易，但只管持着一颗干干净净的心，风雨兼程。

当你"准备好了",
才能享受生命中的"不确定"

1

小时候遇到难事,总觉得长大就好了。似乎未来有一天,一定会过上无须努力、每天都幸福快乐的安逸日子。后来发现,生活永远没有"好了"的时候。这会儿"好了",过段时间又会有新的问题出来。

带一个班,总会有层出不穷的问题需要应对,哪怕你做了几十年老师,每天也仍然要面对新问题。且不说知识和技能在不停地更新迭代,你需要学习新方法和重建自己的认知系统,仅仅是对孩子,你就永远需要依据他们的差异去寻找和调整教育的方法。哪怕两个孩子性格类似,但他们背后的家庭可能会有很大差异;有的家庭类似,孩子的性格和成长经历又相去甚远……这意味着你无法确定你要带的下一个班级会有怎样的一批孩子,因此你也无法直接套用过去的经验。

一所学校也是如此,永远没有学校"办好了"可以高枕无忧的那一天,总是需要去变化,去改进,总有新的问题需要应对,新的想法需要实施。

生活更是如此。世界瞬息万变,大到国际形势,小到个人生活。

也正是在这种"不确定"性中,万物才保持了平衡和生机。

但问题就在于,我们在"不确定"面前总会有一种恐惧,或者说有时会恐惧。因为"不确定"中也包含着一种我们期待的"不确定"——比如突然涨了工资，突然遇到了爱情，这给我们极大的幸福和幸运感，我们为此而惊喜、战栗。

生活中，我们遇到的另一种"不确定"，即问题、麻烦。哪怕你之前做好了充分的准备，也往往会因为一点点的小疏忽，使一件事情失败或染上瑕疵，若再不被理解，简直是雪上加霜，令人垂头丧气。还有一些你根本无法预料的突发事件，也像一颗颗定时炸弹，命运早已在你的生命之途中为你埋好，只等时间到了，炸你个措手不及。我们恐惧的，正是这种"不确定"。

那怎么办？

改变自己的心态。

对于一个人来说，彻底摒弃"安逸"的想法，才不至于在每一个问题来临时消极、抱怨、退却。用消极心态被动应对也能解决问题，但是会消耗大量的精力——处理问题前需要安抚自己的情绪，克服心理障碍；处理完之后像"打了一场大仗"，需要大量的时间恢复、调整。人的生命整体上会显现出一种孱弱。

而积极的心态是，你知道生命就是解决一个个问题的过程，永远没有"好了"，没有"安逸"的那一天。生命不息，变化不止，要拥抱变化。

"拥抱变化"也是被说烂了的话，但是有多少人能真正面带微笑地拥抱变化？一个在变化面前能够保持微笑、保持平静的人，一定是一个生命有力量的人。那么，生命的力量从何而来？

2

尼采说：一个人知道自己为什么而活，就能忍受任何一种生活。也就是说，你有怎样的人生观，决定了你以什么样的心态和状态来面对生活。这是生命的最根源处，是哲学层面上的思考。

那么，人应该为什么而活？有人为成功，希望青史留名；有人为钱，所谓"人为财死，鸟为食亡"；有人为意义，能帮助人、造福人，便觉不虚此生；还有人为爱，一生得到足够的爱并给予人爱，便能安详地离去。

对于我来说，基于从小对生命意义的追问，使我认可尼采的说法：我们需要赋予生命意义。因此，我也赞同他笔下的酒神精神——"它肯定万物的生成和毁灭……肯定生命中一切可疑可怕的事物。总之，肯定生命的整体。"

在肯定的基础上，人就会生出强大的生命力，再加上对痛苦的接纳，使人产生出积极创造的力量。

对痛苦的接纳意味着我们要正视痛苦的积极意义——

> 痛苦是生命不可缺少的部分。生命是一条毯子，苦难之线和幸福之线在上面紧密交织，抽出其中一根就会破坏了整条毯子、整个生命。没有痛苦，人只能有卑微的幸福。伟大的幸福正是战胜巨大痛苦所产生的生命的崇高感。痛苦磨炼了意志，激发了生机，解放了心灵。人生的痛苦除了痛苦自身，别无解救途径。
>
> ——选自周国平《尼采·在世纪的转折点上》

是的，痛苦的积极意义是增强生命力，我们又靠增强了的生命力来战胜痛苦，直到痛苦越来越少。其实并不是痛苦少了，而是我们自己更强大了，最后，你只是遇到问题便去解决问题，不再有痛苦的感觉。

所以，回到刚才的话题，如何拥抱"负面"的不确定？就是强大自己的生命力、增强生命能量，不把问题当作难题，真正成为一个生命的强者。"一个人不仅对欢乐发笑，而且对失败、痛苦、悲剧也发笑，才是具备了酒神精神。"

观念准备好了，只是第一步。不付与行动，观念也只是观念，正所谓"懂得了很多道理，却依然过不好这一生"。要将自己投身于事务之中，在行动中磨炼意志、锻炼能力、储备知识，才能让道理真正活起来。况且，我们也常常无法等到观念完全准备好时再去行动，而是边行动边建构和完善观念。

你的问题在于想得太多，做得太少。

还说啥？干吧！

3

做教育的，最后的落脚点自然也是教育。

为什么现在很多人在问题面前都会抱怨、抗拒，而不是平静地接受甚至拥抱？因为大多数人小时候都像我一样，觉得长大了，一切就都"好了"。

比如，考上大学后忽然失去了人生的目标。

其实高考只是人生开场后要走过的一道关卡。生命的一径长途，埋伏了九九八十一难，没有短暂的奋斗之后便可一劳永逸的人生。我们要带给孩子的，是激发出他／她生命的能量，让他／她有勇气、有力量去面对他／她未来的人生。

什么能激发孩子呢？

爱、理解、接纳、信任、美好的事物（诗歌、经典书籍、数理逻辑之美、自然之美、人性之美……），也包括挫折、能转化为生命营养的痛苦……

当我们使自己和孩子的生命具备了力量和韧性，我们就可以说："好了。"不是生命之路"好了"，而是我们时刻都"准备好了"。

只有当你"准备好了"，你才能在问题（消极的"不确定"）面前不怵，也更能享受生命中积极的"不确定"。

不要恐惧，顺势而为。

"多反思自己，少抱怨别人"，
这是很难但很重要的事

1

车洗完"验收"的时候，我发现它被剐蹭了。

车身右侧有一道划痕。

我先是有点惊讶，然后是一丝丝心疼。

但在我的情绪里，找不到愤怒。

最多的，是疑惑：发生了什么？谁刮的？什么时候刮的？……

唉，若送修，又得耽误几天使用；不修，确实不美观。

付了洗车费，上车。

启动车的同时，我一眼瞥见挡风玻璃后的电话号码牌，瞬间明白了。

2

我住的街道，两边停的全是车。

除了半晌时间偶尔会有几个空车位，其他时间都是爆满，尤其是下午六点后，能找到个停车位，简直就像中了大奖似的。

街道的宽窄并不均匀，有些地方的旁边可以并排停两辆车，所以那些转几圈找不到车位的人，便会把车停到另一辆或两辆车的外侧，同时在车内留下联系方式，方便里面的车的车主通知挪车。

我专门购买了一个装饰性的号码牌放在车上，不需要时可以轻轻一扳将它扣住，毕竟手机号也算一种隐私。但因为常常用到，我也很少扣住它。

上周五从项目学校教研回来，已经近下午七点了。我压根就没奢望有个正经的车位，只盼还能"混"上个"车外位"。

果然有一个！喜！

小心翼翼地停好，锁了车门就走了。心想：最晚到周六吧，肯定有人给我打电话让我挪车。

结果，两天也没有接到这样的电话。

今天我发现，号码牌是扣着的。

我术后一段时间不能开车，H 先生把我的车开回过老家几次。在那个安宁的小城，车上放手机号是并不常见的事，所以他将它扣住了。

这几天我开，没有注意到，自然也没有将它扳回来。

所以，这道刮痕，极大概率就是被我的车挡住、不方便把自己的车开出来的车主刮的。

3

顿时，我心里充满了愧疚。

人家该有多着急?!

急着要去上班、去办事，但一辆车横在自己车后，而且还没有联系方式。不，是明明有号码牌，就是看不到！是谁谁不急？

望望四周，面前高高的楼房，小区里那么多户人家，车主到底在哪儿?!

于是，只好冒险将车艰难开出，但仍留下了刮痕。

当然，要是真遇上"圣人"，也可能在车上给你贴个条：你好，请记得亮出你的联系方式，不要让第二个人像我一样"抓狂"。

但遇到这种人的概率太小了。希望有一天我可以做个这样的人。

4

因为懂得，所以慈悲。

因为曾经体会过车被挡住，叫天天不应，叫地地不灵的"抓狂"，所以即使车被刮伤，我仍然很想向那位车主说声："对不起！"

遇到问题，先自我反思，这是我多年的习惯。

反思之后，再从自我出发，去解决问题，这种习惯使我受益良多。

而这个习惯，是从2011年主持网师电影院的第10期电影研讨《魔戒》开始的。

这次研讨，对我影响最大的是，让"我"的力量变得强大起来。

一个最普通最平凡的小人物，也能够成为"英雄"。尽管成为英雄的旅程充满坎坷和艰辛。

而生活中，我们没有多少机会成为"大英雄"，却处处需要我们用自己的力量和智慧去化解"危机"，解决大大小小的问题。

遭遇危机的时候，不抱怨、不指责是第一步。

通常情况下，如上所述，我会先反思自己，再找到产生问题的原因，最后我会问自己：我能做什么？

具体来讲。

反思之问：我是不是哪里做错了？

是我的哪些话语引起了对方的误解？是我的做法的确有不恰当的地方？是

我们思考问题的出发点不同？我如果那样做的话是不是更好？……

而当自己这样去深刻反思的时候，往往会发现自己确实可能犯了错误，即使有时是无心之过，甚至是出于好意。

这时候，进一步沟通就非常必要了。

如果确认自己没有错，我会追问：他/她为什么会这样想？这时我就需要对他/她有足够的了解，了解得越多，越能理解他/她的想法。

下一步，自然就是依据对他/她的了解，采取具体的措施，解决问题。

我常对身边的人说：要想改变别人，先改变自己。

换一种说法：改变别人从改变自己开始。

一切管理都是自我管理，我深信不疑。

当自己改变的时候，别人也会随之改变。这一点，在亲子关系、夫妻关系、同事关系、上下级关系等几乎所有的关系中都适用。但难的，就是"改变自己"。

我们总有理由为自己开脱——

我就是这样，我为什么要改变？

为什么非要我改变？他/她为什么就不能理解我，接纳我的不足？

他/她做的事太让人生气了，明明是他/她不对，我实在忍受不了！

……

改变自己，确实很难。

但是，你想要获得快乐和幸福，改变自己是最省力的，也是最有用的。

它还会让你对自己的生活有一种掌控感。

而往往，你努力改变自己之后，别人的改变会让你惊喜。

这需要不断地练习，直到它成为你本能的反应。

5

记住：

遇到问题，抱怨、指责是没有用的。

反思自己，了解并理解对方，相信自己的力量，相信（改变）自己可以改变对方。

总有改变不了的部分。那么，接受它。

希望能帮助到有缘人。

不要在低层次里消耗自己

这两天萦绕脑海的一句话是：不要在低层次里消耗自己。

于是，我翻开了陈海贤的《了不起的我》，一口气读了一个小时。

陈海贤老师说："改变的过程就是这样，我们心里有目的地，可是在行动上只能看清脚下。也许有一天回过头，我们会发现，走着走着，自己已经走得很远了。"

2023年暑假，我因为一场《让新建校刮起阅读风》的演讲，总结了一年里扎扎实实走过的路。2024年，除了从学校层面上对学校工作进行了总结之外，也陆续收到了一些反馈，知道学校慢慢在形成自己的风格，而这种风格是我所期待的。这正是在"看清脚下"的行动中所获得的。

仅从阅读上来说，收到了一位老师的反馈：

> 今天我外甥跟我来到学校，看到月朗阁的图书，选取了几本进行阅读。他知道这些书都是您精心挑选的后，对您是相当崇拜！他还读了您的《一个校长的絮絮叨叨》，对您的价值观也很是敬佩！

他的外甥很优秀，能得到这样优秀的青年的认可，我也很开心。

朗星小学的校歌中唱道：月朗星明，乃我学堂。于是，我们将2024年新建的教师阅读室命名为"月朗阁"，将2023年暑假建成的学生阅读馆命名为"星明馆"。

让那位年轻人赞不绝口的月朗阁的书，来源是什么呢？

我先是找了一位书商，告诉他学校想建一个教师阅览室，让他帮忙选一批书。当他把书单发给我的时候，我的眉头皱了又皱。我觉得精心建设的阅览室里面放的如果是这些书，我恐怕都不愿踏进一步。

于是我联系当当网的客服，让她把当当网上哲学、教育学、心理学畅销书榜单给我列个书单。

我又请南明教育的优秀读书人杨枫老师把与"全人之美"课程相关的书籍列了个书单。两者结合，形成了月朗阁的图书清单。

再加上干国祥老师、魏智渊老师等南明人自己的著作，品质，怎么能不好？

从 2024 年寒假开始，读书，是朗星伙伴的作业。寒假短，读一本吧。我做了图：

教师寒假阅读书单

2024 年 1 月

学科组	书目	类别	作者
语文组	《儿童读写三十讲》	儿童阅读	魏智渊
	《种下一间教室》	缔造完美教室	严盈侠
	《理想课堂的三重境界》	课堂教学	干国祥
	《深度语文的思与诗》	语文教学	干国祥
	《小种子教室的童话剧之旅》	童话剧	严盈侠
	《用诗歌唤醒黎明》	晨诵课程	陈美丽
数学组	《儿童怎样学习数学》	数学学科	帕梅拉
英语组	TESOL 资料	英语学科	
综合组（含科学）	《高手教师》	教育类	魏智渊
	《教育，成全生命之美》	教育类	干国祥
	《我想我还热爱着教育》	教育随笔	干国祥

说明：

1. 每位学科老师在本学科的推荐书目中至少选择一本书，在保证读一本本学科推荐书目的基础上，如果有余力，欢迎"串读"。比如，综合组的推荐书目适合所有老师阅读。

2. 假期提倡大量阅读，除推荐书目外，可以到教务处选书阅读，开学后归还。

3. 自己选定的必读书目，阅读时可画线、做批注，开学后统一交给原校长检查阅读情况（就不要求大家打卡和写读后感了；当然，若有感而发，写一写更好）。英语组如果读电子书，组员商量怎样留下"阅读证据"提交原校长审阅。

暑假长，读两本，我又"半规定"了书，学校发通知如下。

各位老师大家好！今天我们一楼的月朗阁教师阅读馆就可以借书了。除了借阅自己感兴趣的书外，每个学科必读两本书，书目如下。

语文学科：《统编版小学语文，可以这样教》+干国祥或魏智渊老师的书；

数学学科：《小学数学整体设计的思与行》+班级管理或学科类书籍；

英语学科：《中国人英语自学方法教程》+其他书籍；

综合组：自选。

然后，几天前收到一位老师反馈，她说推荐的书很适合一线教师，但如果不是我"强迫"大家读书，她肯定不会主动去阅读。

两个月的假期，一个月读一本书，数量不多；不需要写读后感，没压力；读得认真了书还能归自己。反正就是"强迫"带奖励，让大家读起来。

星明馆2024年暑假也照常运转，值班老师每天都在用照片记录，把孩子们读书的照片发到学校微信号的朋友圈里，用这样的方式推广阅读。

活得越久，越觉得一个人的境界直接关乎自身的幸福度。如果我们每天把自己陷在蝇营狗苟之中，每天就总有解决不完的麻烦，纠缠不断的烦恼。但当我们超越琐碎的生活，把目光聚焦到更美好的事物上，把精力花在更有意义的事务上，我们就可以"磅礴万物而为一"，让自己的生命在美好与创造中显现价值。

爱，自由，榜样——我的育儿关键词

可能做妈妈时间太久了，我现在除了工作需要（比如要为"掬光之手"日签找内容），很少读家教、育儿方面的文章或书籍，也不想轻易写这方面的文字。

在家庭教育方面，除了二十年前刚做妈妈前后主动读过一些育儿书籍，我对其没有更深入的研究。如果说现在我还懂得一些较细致的育儿方法，也是因为工作性质，被动学习的结果。

相对来说，我是个经验主义者，育儿、工作都是如此。

有人可能会反驳，觉得我懂得好多理论、拥有好多理念，这大约也是因为我长期从事教育工作，接触的理论多一些的缘故。但它们大部分是验证了我的想法或做法，少部分当然也会给予我启发。

在教育子女方面，我一定程度上是个"懒妈妈"——不过度付出，也不过度期待。所以，育儿路上，常常会有惊喜。

我最近在朋友圈转发了学校的"掬光之手"日签，因为实在是太认可日签上的话——

对孩子最好的爱究竟是什么？我曾经长久地想过这个问题。给他/她安全。给他/她自由。成为他/她的榜样。"成为他/她的榜样"，不是为了成为他/她的榜样而成为他/她的榜样，而是因为我们自身生命的目的，努力成为一个更好的人。当我听到一位母亲无数次地发自内心地表白，说孩子就是自己的全部，是自己生命的意义时，我的第一判断是这位母亲没有自己的生活，自己的人生是没有多少价值的。高质量地过好自己的生活。我相信，唯有我无限地成长、自由地成长，才是给孩子最好的教育。

——《高手父母》

这段话是我从魏智渊老师的《高手父母》中择出来的，句句入心。我的转发语是："唯有我无限地成长、自由地成长，才能给孩子最好的教育。深有体会。这也是最省力的育儿法。"

但是日签上的这段话，其实最关键的词有三个：爱、自由、榜样。

2024年清明假前，我们陪女儿去北京参加了研究生复试。后来，她的名字出现在拟录取名单上，综合成绩也位居前三分之一。

考上研究生是一件不算稀罕的事，但与我们近十年来对女儿的教育付出相比，它对于我们来说确实是个惊喜。

她不满11岁上初中，就被送进了市里的寄宿学校，一周回家一次。她上初二时，我加入南明教育工作，开始了长年在外的"流浪"生活，她初中的后两年我陪伴的时间就更少。接她放学的人有时是爸爸，有时是大姑父，有时是二姑父，甚至是姨妈或姨父。她在我姐姐家住过一段时间，还在我大姨家住过一段时间，但都没有影响她的学习和性格，反而能与所有亲人愉快相处。

高一她到我所在的山西运城上学，我也是一周见她一次。可她高二时我又调回了郑州，她一个人留在运城上了高二和高三。很多父母在孩子高考前是各种接送、陪读，付出的辛苦无须多言。而我们经常是一两个月见一次面，平时联系也不频繁，到高考时我才赶过去陪了她几天。很多父母在孩子报考志愿时各种研究，我们则花钱请了专业人士帮忙参考如何报志愿，我连报考指南都没翻过，就这样把她送进了大学。

上大学后我更是很少"管"她。无事不相扰。她自己加入学校广播站、入职管理团队、参加各类演讲比赛、作为唯一的本科生被老师选中到新疆进行培训活动、拿奖学金……连要考研究生，报考哪所学校也都是她自己决定，并付出了令我难以想象的努力拼了半年，最后如愿被录取。

这一路，时时惊喜，备感欣慰。

回顾对女儿的教育，我真的是把"爱、自由、榜样"这三个词彻底落实到位了。

爱

这世上，绝大多数父母都是爱孩子的，毋庸置疑。但爱并不是一件简单的事。不信，问问孩子，有多少人感受到了父母的深爱？有些时候，父母对孩子的爱以一种令孩子反感、恐惧，甚至窒息的方式出现——对孩子严格地要求、严厉地管教，生怕孩子输在起跑线上，落到后面追不上去。

但我现在想想，爱是什么呢？它首先应该外显于与孩子之间良好的亲子关系。

也就是说，孩子跟你，需要感情上是亲近的：他/她从你这里能感受到足够的安全感；你们在一起的时光是快乐的；无论什么事他/她都愿意和你分享；遇到问题时他/她愿意征求你的意见、倾听你的建议。

我对女儿，中学前是给足了爱和陪伴的。正因此，她在小学毕业时已经形成了良好的学习习惯和品格，我们才敢放手让她上寄宿制学校。虽然从初中起我们陪伴她的时间少了，但每一周接到她时，她都会跟我们分享一周的学习生活，滔滔不绝、几无保留。而我都平静地接过话来，跟她分享我的经验、想法，给她建议。她是被全然接纳的。这就是爱。

上高中和大学时，每每遇到问题，和同学之间的相处啦、在广播站期间遇到管理上的问题啦、考研前最后的时刻压力太大啦……几乎所有关键时刻，她都会找我，因为她在我这里有足够的安全感，也能得到较高质量的建议。

所以，爱不是你说给了就给了，不是每天都陪在身边。亲子关系的好坏是衡量你是否把爱给够孩子的重要指标。

自 由

孩子越小越需要陪伴。随着他/她逐渐长大，家长一定要学会慢慢放手。尤其是他/她进入小学，正式踏上学习之旅之后。

从一年级起，我印象中写家庭作业时没有给她读过题。顶多哪个字不认识了她问我一下。我也不记得陪她写过作业，只问一句："作业写完了没？"她说写完了就写完了，说没写完就催两句。别人总觉得我是老师，在家肯定额外辅导孩子写作业、补课，所以她成绩才不错。但我真是没怎么管过她的作业。现在对儿子也是如此，写作业是他自己的事，我不检查，也不在旁边指点。

凡事尽量商量着来。提醒得多，监管得少。

当家长不去盯孩子作业的时候，孩子其实已经拥有了很大的自由，独立自主性在这个过程中也慢慢培养起来。

女儿在小学高年级和中学时上过不长时间的文化课的辅导班。课也不是我们主动给她报的，而是她想去，或者她觉得某门课需要额外补一补，我们就提供条件和支持。

她的青春期，我陪得少，但其实是一直关注着她的。因为青春期确实是一个很特殊的时期。我的教育基本上照应着"抓大放小"的原则。

学业上，我知道她虽不是学霸，但成绩在优秀之列，就不焦虑；和同学相处上，她一直有要好的朋友，而且都是优秀的学生，就很放心。

中学时，作业多，她有时把自己关在房间里几个小时，我们除了喊她吃饭，也极少打扰。

听着歌写作业？行呀。我初中的时候也爱听歌，有这样的爱好，多好。

她初中时还读小说、写小说，我都予以支持。小说有时候是一种启蒙。我有些担心，但也相信一个优质的生命，有自我校正的能力。

哪怕她走得慢些，但我希望她保持对学习的热情，真正生出自驱力，而不是把考上大学作为学习的终点。

这次她主动考研、自我发力，正证明了这一点。而且考研也不是她学习的终点，尽管学习很苦，但我能感觉到她还有继续学习的愿望和能力。

从北京回来的路上，我问她，为什么要考研？她说，因为自己身边的人（指的是初中、高中的朋友们）都太优秀了，感觉自己不努力考个好学校，就不配做他们的朋友。我再一次深深感受到魏智渊老师说的，孩子到了中学以后，同伴的作用就会大于父母和老师的作用。真对呀！

所以，关注孩子交友的质量，挺重要的。

榜　样

我总觉得，很多人做父母累，就累在了把太多注意力放在了孩子身上，而不是放在自我成长上。

"我们自身的生命目的，就是成为一个更好的人。"当我们更多地致力于自我成长的时候，无形中就给孩子起到了榜样作用，这大大节省了家庭教育的精力和时间。

榜样的力量是巨大的。你的一言一行都在影响着自己的孩子。

因为性别相同，我从女儿身上，更能深深地感受到自己对她的影响。我对待工作、学习的态度，我的人生观、价值观，我和她爸爸相处的模式……都在影响着她。我做好了我自己，她就能成为更好的自己。这确实是最省力的教育方式之一。自己的成长一点没耽误，还给予了孩子良好的影响。

在女儿的求学路即将迈向新起点之际，我写下此文，对我这二十年来的育儿经历进行了一个回顾和总结。每个孩子都是不一样的，也许是我恰好遇到了优秀的她，她也恰好遇到了我这样的妈妈，相伴成长、相互成全。

愿更多的父母在育儿的过程中少走弯路。

教育就是从"幼人之幼"到"老人之老"

1

"谁买的?"

一天下午五点多,妈妈又在我们的微信小群里展开了调查活动。

这三个字上面,她发了一张刚从快递包裹里取出的手机的照片。

我第一时间看到这个消息,先澄清——不是我!并附了一个大笑的表情。

妈妈说:"哦,那估计是你姐吧?"

"不知道,也许是波(我弟)买的吧。"我回复,并且认为自己说的是对的。

北京时间晚上十点,加州还是清晨。弟回了消息:"收到了?"

妈说是。

然后就开始一顿"数落":

"昨天刚打过钱,谁让你又买手机?

"我们有钱,也会买。

"你们负担也不小,我们有工资。

"周一给你微信转钱,以后别打钱了。

"……"

弟回了一句:我这儿还早,我去运动。你那边明天早上再聊吧。

然后他就"溜"了。

每次给爸妈买东西，都可费劲。

他们一直觉得自己有工资，能养活自己，而我们姐弟三个要养家，负担比他们更重，所以一向不愿接受我们的孝心。特别是妈妈，她为我们怎么付出她都觉得是应该的，我们但凡有一点物质上的回报，她都觉得不安，不是要给我们钱，就是说我们乱花钱。

我也曾多次试图让她理解：儿女通过这种方式向父母表达孝心，也是一种幸福，她不能太"自私"，剥夺我们幸福的权利。

但没啥用。

她依然在莫名收到快递时对我一通"数落"。但真正使用了，她还是会在言语间透露出新物品的实用或好看，我们便也觉得安慰。

这次的手机，是老弟买给爸爸的。

第二天早上，爸爸给我打电话："起了吗？"

"起了。"我答。

"你的手机多少钱？"他问。

"四千多吧。"

"哦，四千多呀，我还想着要是没有这个好，你用新的，我用你的。"

用个好一点的手机，他心里也不踏实。唉。

"你抽空过来把旧手机上的东西给我弄到新手机上吧。"他又说。

"好，我洗了脸就过去。"

用手机克隆软件完成了新旧手机的对接。

删除了一堆自带的、对他来说没有什么用的 App。

整理、排列了图标位置。

禁止了一堆 App 的通知。

设定了人脸识别。

为他选了一张绿色护眼的壁纸。

帮他把微信字号调大了一些。

……

完成后,将手机递到他手里,让他感觉一下还有哪些不方便的地方。

不知什么时候,父母成了弱者,一点一点地,开始需要我们的帮助。

2

告别父母,我开着车回家。

路上,留意着路边有没有卖鲜面条的。

今天农历七月十二,孩子的爷爷奶奶随着家乡的习俗,在七月十五中元节前或当日,去家坟前祭祖。

今天是中元节前的最后一个休息日,除我和儿子之外,一家人都回老家去了。我要承担做午饭的任务。

停好车,撑开遮阳伞,我向小菜市场走去。

说是菜市场,不过是一小段街道,路两旁有零零落落的几个菜摊。

南墙角边的阴凉里,有一个老爷爷在卖茄子。哦,以我的实际年龄,称他"伯伯"更合适,"老爷爷",是我内心住的那个小女生的视角。

一看就是自己种的菜。

三轮车上的茄子,大小不一,但有一部分是正常茄子的个头。它们长得不像丹尼斯百货里的那般水灵和匀称,看起来丑丑的。还有一些长裂了。

地上还有两筐茄子,明显是挑出来的,个头非常匀称,如我的拳头般大小——我倒是第一次见这么小的茄子,还这么多。

"大茄子和小茄子有什么区别?"我问道。

坐在马扎上的老爷爷穿着素净的米白衬衫,贴身的背心也是白色,衬衫良好的透明度让人也能感觉到这是个爱干净的老头子。

"本质上没啥区别。"他操着好听的乡音，让我不禁想起我出生的那个小村庄里，那些干净矍铄的长辈们。

我从三轮车上挑了一个个头挺大的茄子，交给了他。

想了想，又蹲下身子，从筐里拿了一个皮紫得发亮的小茄子，交给了他。

"再给我拿两根芫荽吧！"我说。

他从旁边一捆芫荽里抽了两根，转身取了一个新塑料袋，连同一大一小两个茄子，一起装了进去。

"多少钱？"我问。

"一块钱。"

"多少？"

"一块钱。"他又重复了一遍。

一时间，我不敢相信自己的耳朵：一块钱？一块钱？！

我的心像突然被什么东西撞了一下，一家人中午要吃的菜，竟然只需要一块钱！

"能扫微信吗？"我问。

"能。"他指了指三轮车上挂着的二维码牌子。

我扫完，付款，转身走了几步。

"付过了吧闺女？"身后传来老人的声音。

"付过了，付过了。"我连忙说。又怕自己弄错，赶快点开手机再次确认了一下，是付过了。

我的心里竟一阵酸楚。

我想起家里各个角落——储物盒里、抽屉里、桌子一角等地方散落着的那些旧的五角、一元甚至五元、十元的纸币，我们常常连把它们收起来装进口袋里花掉的欲望都没有。

在这个扫电子码付款的时代，纸币似乎成了一种累赘。

对于六岁的儿子来说，钱在他心里更没有什么概念。爷爷奶奶经常把春节时没用完的压岁钱——崭新的百元大钞拿给他当"玩具"。他把它们装在红包里，时时抽出来看看，不允许一个角翘弯。

暑假那天清晨，突发奇想，让他捏着十元旧纸币，牵着他的手去买油茶。

油茶盛好后，我说："天天，把钱给阿姨。"他把十元钱递给阿姨，转头就走，根本不知道还需要找钱。

而现在，我买的菜，竟然只要一块钱。

那么，这一车茄子，能卖五十元吗？

从清早到中午，炎热的天气里，能卖掉一半的茄子吗？

3

不知怎么的，我想起罗素的那句著名的话：对爱情的渴望、对知识的追求、对人类苦难不可遏制的同情，是支配我一生的单纯而强烈的三种感情。

那一刻，我心中涌动的确实是第三种感情——对人类苦难不可遏制的同情。

这种同情，再一次提醒了我——自己拥有很多幸福，也隐隐地，使我内心涌动起想更多地帮助需要帮助者的冲动。它似乎是一粒种子，悄悄落进心里。我似乎觉得，它会一天天长大，引领我去做更多让世界更美好的事。

这种想法的萌动本身就已经很美好，毕竟，只有强大的人才有能力去帮助别人。那么，萌生出这样的想法，意味着我正一步步走向更强大。

我提着茄子和芫荽，看着遮阳伞无法遮住的双脚在水泥路上交替前行，又想起"老吾老以及人之老，幼吾幼以及人之幼"。

每个人都是从家庭出发的。因为爱自己的父母，所以在面对像父母一样的老人时也会生出同理心，去善待和父母一样的他们；同样，我们因为做了父母，因为亲身经历一个生命从无到有的神奇，因为用最纯净、最不求回报的爱来养育自己的孩子，所以我们在面对其他孩子时，能心怀一份柔情。

教育就是用这份父母心"幼人之幼"，同时又用师爱的另一部分——父性之爱，去帮助孩子成为最好的自己。从"幼人之幼"出发，一位位老师接力，把孩子培养成一个善良的、强大的人，让他们将来有一天，能"老吾老"以及"老人之老"。做到这一步，教育便成功了一部分了，而且，是很重要的一部分。

第二辑

以热爱为力量，
向教育更深处漫溯

求学时，一直以"教师"为自己的职业镜像。后来如愿考上师范，走上三尺讲台，凭着热情和一些天赋走到现在。然而，仅有这些是不够的。教育，需要专业，需要看到现象背后的本质，向更深处漫溯。

热情，热情，还是热情！

1

我踏上讲台的时候，刚满 19 岁。

那时，赋闲在家，等待分配。忽然有一天，接到消息：县城最好的小学邀请我去做代课老师。后来知道，是因为那个小学缺教师，于是校长到教育局查师范毕业生档案，临时抽调几个统招生前去代课，就这样，我和另两位师范同学成了××小学的代课老师。

接手的是一个二年级班。原来的老师调到学校配套的学前班去做管理工作了，我就这样接了她的班，成了班主任。那时的我，没有任何带班的经验，但我就是没有一点压力地带六七十个孩子一起生活和学习，孩子们也非常喜欢我。那时有一个做事特别慢的孩子，每天放学我常常陪他到很晚他才能做完作业。学校年轻老师很多，以比我高两级的师范毕业生为主。现在还记得，教室走廊的墙都是学校配些涂料和刷子，老师们自己粉刷。有些刚刚结婚的女老师，便有对象来帮着干，看着一对新人一起干活的那种感觉至今难忘。

学校元旦举行文艺汇演，我便自己编舞蹈，带着一些孩子排练。晚上排过，双休日也排过。以我上学时仅有的跳过几次舞的经验，不知道怎么就创编了一支颇为动感的舞蹈，惹得一个年长两岁的老师姐姐感慨：年轻真好！

有一次，校长和副校长听我上课，我讲的好像是一篇略读的说明文，与雨衣有关。流程清晰、不慌不忙，讲到兴起处，还随手在黑板上画了一件带帽子的雨衣。过后，校长说："可培养，是个好苗子。"

一学期结束，期终考试，我带的班级以零点几分的平均分之差居五个平行班中的第二，优秀率比第一名的班级还要高一些，很让带第一名班级的那位老师吃了一惊。当然，我也吃了一惊，没想到孩子们会考这么好，因为实在没有什么经验，只有全心投入的热情。

2

开春，我们这些师范毕业生要分配了，我以为以自己半年的代课经历，留在××小学是顺理成章的事。但没想到竞争非常激烈，所以我就去了离家不远的yy小学。

来年三月，我到yy小学入职，成为一名正式的老师。

不久后，有一次去教育局办事，从大厅里出来，刚好碰到匆匆忙忙的××小学的校长，他看到我，停下脚步说："原卫华呀！当时等着让你留下来呢，你咋走了呢？"我才恍然——如果当时能想到跟校长说一下，也许真就留下了。

3

到yy小学后，学校急需一名微机老师，好让刚购置的几十台586电脑投入使用。我因为家里开了一家打字复印店，会打字的缘故，就成了一个微机老师。很快，这门新兴的学科要举行全县优质课比赛，我以《剪贴板》一课荣获县优质课一等奖。这是我拿到的第一张优质课奖证书，那是1999年春天。

我做了三年半微机老师。那时，除了三年级以上的十余个班走马灯似的到机房上课、下课，我还要花很多时间帮老师们打论文。老师们手写的论文，我就在机房帮他们敲敲敲，针式打印机"吱嘎吱嘎"地来回划上一阵，墨水就变成铅字了。

这样持续了两年左右，我实在厌倦了做微机教师，每学期初就向学校申请要做班主任。在当时的我看来，只有做班主任才算真正做老师。2002年8月，我终于在做了三年半的微机老师之后，成了一名拥有七八十个孩子的一年级班主任。

4

哇！终于有了自己的班级！我投入了全部的热情。

经验仍然是不足以言说的，但有热情基本就够了，何况还有一些做教师的天赋。

2002—2008年，我完整地带了一届孩子，并得到了同事们的高度信任。

我布置的作业总是很少，从来不布置大量重复式的抄写作业，但孩子们的成绩在四个平行班里几乎总是第一。记得孩子们三年级时，我天天上课上得兴奋，期末考试的平均分比第二名的班级高七八分。有一次考试，监考老师收完试卷后对孩子们啧啧称赞："收卷时一声令下，全班学生迅速传卷、收卷，一两分钟，全班九十多份试卷全部收齐！"（是的，那届孩子最多时是一个班94人）从这个小细节中也能体现出孩子们的做事素养，原因不过是——我自己是一个有条理的人罢了。很多次下课铃响，从教室里走出来，因为享受了课堂而脚步轻盈，我的内心充溢着幸福的感觉。与此同时，公开课从县级讲到国家级，证书雪片似的飞来，有时一年能拿十几个奖。我终于在世间有了点尊严。然而这一切并非我刻意为之，只是凭着满腔的热情加一点点的天赋。

那一届孩子已经大学毕业了。其中有很多优秀者，也有十余人至今仍保持着非常深厚的友谊。他们小学毕业的那一年，暑假后我开学上班，站在校园里，忽然觉得心里空落落的。全校二十多间教室，不知道哪一间是自己的，陪伴了六年的孩子们都飞走了，很是失落了一阵。

5

值得一提的还有我承担"网师"的电子杂志《啃读者》美编的工作（"网师"是"新教育网络师范"的简称）。同样，因为怀抱着学习的热情，在工作之余，我就报了"网师"课程。当时"网师"要启动《啃读者》杂志的编辑工作，招聘美编，当然，没有任何报酬。负责这项工作的"网师"朋友知道我使用电脑比较熟练（与我曾经做过微机老师有关），并且设计过学校的校刊，就期待我能试试。抱着试试的心态，我投入了大量的时间，最后也得到了大家的深度认可。

其实做电子杂志美编要解决特别多的技术难题。我没有经过专业的培训，不会使用专业软件，仅用PPT和Word这两个最常见的软件，靠"有问题找百度"的"死磕"精神，硬是把杂志设计得让别人觉得惊艳。

过程其实很难，它们被我记录在我的一篇年度叙事里：

在设计工作中不断地遇到困难。为什么插入页眉后页眉上会出现一条横线？有问题，找百度，解决了。把整个内页在PPT上设计好后转化为图片作为背景插入Word文档中，可是显示得却不清晰，于是只能作为页眉页脚的元素插入，可是如何实现一个文件内有不同的页眉页脚？有问题，找百度，多次摸索后，不管花多少时间，反正是解决了。想要在同一张页面上显示不同的分栏，怎么办？有问题，找百度，又解决了。可是分栏是设置好了，页码却断断续续一团糟！一篇篇文章的标题，大小、颜色、字体怎样排列、配什么样的插图……每一个都要绞尽脑汁，为了使它们既不单调又切合文章内容，反反复复试验，大半个晚上过去了，进展寥寥。头也蒙了、腰也酸了、手脚都冻得没有知觉了，累得想哭。

尽管如此，我觉得支撑我承担美编工作的原因，除了不愿辜负别人的信任之外，还因为我确实对设计工作有着很大的热情。当我在设计的过程中生发出一些小小的创意，或者灵活地运用自己已有的技能解决了看似专业的问题的时候，内心都会觉得非常开心！2018年暑假，我又蠢蠢欲动，自发地设计了一些日签，并配上文字解读，发表在自己的公众号上。这本身就是热情的一种体现。

6

走上校长岗位后，无论是在私立学校还是现在所在的公立学校，每年都会有招聘老师的工作。最初，我总是希望招到有一些教学经验的老师，最好是有过三五年教学经历的，精力和经验都恰好。但是后来当我回想起自己初为人师、凭着一腔热情获得了诸多成绩时，我忽然觉得寻得资质良好的年轻老师也未尝不可。只要他们有一些做教师的天赋，热爱教育、热爱孩子，对工作有足够的热情，也许便足矣。

何况我所在的团队还有专业的指导，有成熟且卓越的语文课程系统，一个好苗子是能够在短时间内迅速成长为一名好老师的。这一点，我坚信不疑。

后来，在很多新老师身上，也证实了这一点。

其中有一位老师，我们头一天傍晚跑到她所就读的大学校园门口进行面试（当时她临近毕业），通过后直接让她收拾东西跟我们走，第二天她就站在了讲台上，成了四十多个一年级孩子的语文老师兼班主任。这位老师经过了短暂的适应期后，很快进入了角色，将自己全部的时间和热情都给了孩子，短短两三个月，班级和课程就都走上了正轨，也得到了家长的高度认可。

还有一些优秀的老师，也是一直保持着对教育的热情，无论接什么样的班，都能很快把这个班级带得风生水起。

7

为什么热情这么重要呢？

因为有热情的人，做事就会用心；用心的人，就会生出更多智慧。

"用心"所含的成分，大部分是热情。自发地喜欢做这件事，自然就会用心地做。有了用心（热情），做成一件事的态度就得到了保障。

"智慧"通俗点讲，就是聪明。这是一种解决问题的能力。融会贯通，举一反三，大小困难都迎刃而解，这是最容易给人带来成就感的。

没有用心，智慧便得不到淋漓尽致的发挥；没有智慧，用心只是低效的努力。

那些怀着对教育的热情，用心工作，而且机灵又聪慧的老师，工作质量很高，进步也非常快，真是人见人爱，花见花开。

一个初上讲台的年轻老师有了热情，很快能成长为一名优秀的教师。我总相信，再过几年，他们再有了"经验"加持，一定会成为一个更专业的优秀教师。无论到哪个学校，他们都会是宝。而且这样的老师，放到其他合适的领域里，也会是佼佼者。

三观正、大格局、求知欲强、知识面广、阅历丰富、爱好广泛、幽默风趣……这样的老师，本身就是最好的教育。

愿更多的孩子能遇到集各种才华于一身，还能让双脚稳稳站在讲台上的好老师。

写给新老师：你的课堂为什么会低效？

恭喜你站上讲台，成为一名人民教师。

别人怎样看待这份职业不重要。你不需要因"太阳底下最光辉的职业"而自镀光芒，也不需要为"蜡炬成灰泪始干"而让自己鞠躬尽瘁。之所以要恭喜你，是因为这是一份可以让自己持续学习、成长的职业；是与"世界上最神秘的事物"——成长中的少年儿童的心灵关系最密切的职业，仅此两条，这个职业就充满了趣味。

是的，趣味，比一切高尚的理想更重要。

初上讲台，你一定会遇到一些问题。比如：

课本这么简单，有什么可讲？

为什么我总得控制纪律，不得已打断讲课进程？

学生好不容易不说话了，但他们为什么都在下面做小动作？听讲的人好像很少……

到了期中期末要出成绩的时候，你可能还会困惑：

这些知识我课堂上不是都讲了吗？他们怎么还不会？

这道题考前我带着他们复习了呀，怎么还有这么多学生写错？

你要相信，太阳底下无新鲜事，你现在遇到的所有问题，你的前辈们都遇到过。作为也曾遇到过这些问题的前辈之一，我给你们几条我觉得比较实用的建议。

一、让你已经熟悉的知识重新陌生化

$2 + 3 = 5$

$5 - 3 = 2$

5可以分成3和2……

可能在你眼里，这是简单得不能再简单的东西。但是作为一名教师，你就要以全新的目光去审视它们："+"号是怎么来的？它表示的是什么？如何通过动作游戏让"+"这个符号在学生心中活起来？

《场景歌》，这个题目多简单！就是把几处场景排列一下，写成一首儿歌嘛。但是作为一名教师，你就要让每个字、每个词语陌生化，像第一次看到它们一样，去思考每个字符的含义——因为有极大的可能，这些字词在你所教的学生眼中是陌生的，不仅仅是字音、字形的陌生，更是字义的陌生。

所以，你要问："孩子们，什么是'场'？生活中，我们遇到过哪些'场'？"孩子有点蒙，没关系，手指着操场的方向，问："咱们学校有跑道的地方叫什么？"

"操场——"

"对，操场。周末的时候，妈妈会带你去逛——"

"商场——"

"在我们的城市，经常还会有大广场，我们一年级的时候还学过'天安门广场'。那谁来说一说,什么是'场'?"

学生在"操场""商场""广场"间找到共性,在他们表达自己的理解之后(孩子可能表达不准确),老师总结:"哦,'场'有一个意思,就是适应某种活动需要的比较大的地方。

"既然'场'这个地方这么大,那它一定有一些'景',就是人或物,我们今天就来学习一首《场景歌》,看看作者写了哪些场景。"

只有老师在备课的时候真正琢磨每一个汉字、词语,每一句话,每一个符号,每一个公式,才能把课讲到学生心里。

二、不要依赖现成的 PPT

所以,切记不要依赖现成的 PPT!在第三辑,我专门写了一篇文章《有思考地教教材,适当使用 PPT》(本书第 115 页)。PPT 是带给了我们很多方便,但有时它剥夺了老师深入备课的机会,也剥夺了学生深入学习的机会,令人痛心疾首!

对,痛心疾首!真的是这样的感受。

因为有了现成的 PPT:生字教学、课文分析、问题及答案……一应俱全,老师在备课时甚至还没看教材,就先把 PPT 过了一遍,然后获得一种感觉——嗯,这个 PPT 做得挺详细的,课堂上照着这个讲下来就行了。

就是这个"照着讲下来",成为课堂的一大"杀手"!

学生学习词语,靠多读几遍 PPT 上的词语获得暂时性记忆,能够当堂把字音读对就算学习完成了吗?几个形近字,老师不让学生去思考,只是看 PPT:"这个字,如果把 ×× 偏旁换成 ×× 偏旁,就变成了 × 字;如果再换成 ×× 偏旁就变成了 × 字;还可以换成 ×× 偏旁,再变成 × 字……"

屏幕上一个一个出示这些字,只是在向学生展示。在你展示的过程中,学生的思维是停滞的（特别是低年级的学生），尤其是上课一段时间之后。因为他们的注意力只能集中十几分钟时间，如果你讲的课不吸引他们，没有调动起他们的思维，他们的脑子很快就会进入半睡半醒状态：屏幕上的东西，看看而已；老师的话，听听而已。

在这样的课堂中，学习并没有真正发生。

哦对，PPT 上经常也会设置不错的问题，但因为不是你自己制作的 PPT，你可能课前"背"了一下 PPT，却不熟悉，在问题刚出示的时候，一不小心把答案也闪了一下，它们被一部分学生捕捉去，你再问这个问题的时候，这些学生会一下就把答案说出来。没有思考的课堂，怎么会有真正的学习？

可以断定的是：备课时，长期把很多时间用于备（背）现成的 PPT 的老师，一定不会获得专业成长，一定教不好学生。

三、素研教材，在自己深入思考的基础上再去寻求参考

备课的第一步，一定是自己研究教材。就是不借助任何教参、名师课堂实录等，老老实实地面对教材。从题目开始，一个字一个字地读教材。课文是怎么写的，例题为什么要这样设计，书上有哪些气泡框（提示语），课后的几道题分别考查的是学生的什么能力……甚至连插图都不要放过：画得合不合理？某个小难点我是否可以让学生借助插图来理解？

在自己研究全面、深刻的基础上再去看教参，看别人的设计，这时候，才能真正被点拨：哦，这点原来可以这样讲，这点得重点强调。偶尔，还可以质疑一下：我觉得教参上的这个解读不够好……

教材是众多国内专家多年研究编撰的，也是全国学生重要的学习工具。不研究教材，反而去依赖不知道谁设计的花哨的 PPT，不是混淆了主次吗？即使 PPT 设计得确实不错，你能保证它一定适用于你和你的学生吗？

研究教材，研究教材，研究教材吧！

四、修炼你的语言力

干国祥老师在讲阅读时说——

表情的夸张、声音的夸张就是为了把语音、概念和理解结合起来。所以当妈妈们讲故事，一定是"有必要的夸张"。一、二年级的老师，尤其一年级的老师也需要这么做，因为你的表情、你的夸张，就是一本活词典。除了你的表情、你的声音、你的夸张之外，你没有其他的方式帮助学生理解陌生词语，理解最初的故事。

不仅在给孩子讲故事时要夸张，在讲课时，在任何站在全体学生面前讲话时，都要让你的语言产生魅力，吸引学生的注意力。

平白如水的语音语调，容易成为学生的催眠曲。

苏霍姆林斯基在《给教师的一百条建议》中也有这样一段话——

教师在课堂上创造的精神饱满和乐观愉快的语调，在培养学生牢固持久的学习愿望和取得越来越好的成绩方面，具有极大的意义。常有这种情况，从一个教师授课的教学法观点来看，简直无懈可击，但对教材的讲述萎靡不振、针对性不强，以致在学生们那里形成了一种郁闷心情。教师对教材无动于衷的态度，立即会"传导"给学生，这样一来被讲述的教材似乎成了矗立在师生之间的一堵高墙。

写得真是太好了！这也充分证明：古今中外，新教师遇到的问题是高度一致的。

所以，不必沮丧，意识到问题就是解决问题的第一步。修炼自己的语言力，是一个老师重要的功课。

五、别忽视反馈的力量

刚上讲台，我们常常把关注点放在教学的设计上，而顾不上关注学生。这很正常。

但是你要知道，这会导致你讲你的，学生做学生的。当然，如果你的教学设计足够精彩，语言足够有魅力，大多数时候，大多数学生仍能够被你吸引，开动他们的小脑瓜，进入真正的学习。

这的确是理想状态。

现实是，很多时候，我们的课堂设计是不完美的，我们的语言魅力还不够。这时候，反馈的作用就特别重要了。

你要尽量抽出精力，关注你的教在学生那里得到的回应。他们读得好，你要赶紧表扬，这样他们下次就会读得更好；他们有点无精打采，你要赶紧调整教学流程或方法，比如由讲变为写，或由集体回答变成个别回答，或用有趣的语言聚焦他们的注意力……

总之，你要用你的反馈来调动学生学习的积极性，保障他们学习的效果。因为你只是学生与知识间的一座桥梁，你这座桥梁再漂亮再结实，学生过不去，效果等于零。

当然，如何有效反馈也是需要学习的，咱们一步步来。

给新老师的一些课堂管理建议

某个学期初,我跟踪了一位新老师的课堂,每节课后都以书面的形式予以其反馈,避免口头交流泛泛无踪。现在这位老师已经成为成熟教师了。我将书面反馈进行了整理,以期其可为更多新老师带来帮助。

一、改变别人(学生)从改变自己开始

树立一个信念:我的课堂目前是有一些问题,但这是大多数初为人师者都会遇到的,经过一段时间的刻意练习,我一定能克服困难,我的课堂一定会有很大改观!

几点建议如下。

1. 课堂语言要干净。过多的语言会使信息杂乱,消耗学生的注意力。最严重的语言浪费表现在上课伊始,话语过多则无力。再如,类似"你愿意读一下吗?"的问题不要问,学生必须答"愿意"(如果答"不愿意"老师有什么办法呢,哈哈),所以直接改为:"我们一起把这几个单词读一下。"

2. 抓住学生注意力最集中的时间讲重要内容。课堂共 40 分钟,前 15—20 分钟学生注意力最集中,应该利用这段黄金时间突破教学重、难点,后半节可以带入一定的书写任务,使学生通过动笔继续凝聚注意力。

3. 要形成自己学科的课堂常规。如，物品准备：一次性明确上课需要哪些书本，除必备书本和笔外，桌面上不能留任何物品；身体准备：坐姿端正，身体自然挺直，双手抱臂于桌面上，目视老师，保持安静。（可用一张PPT出示"课堂常规"，并配上示意学生坐姿端正的图片。）

4. 好的开始是成功的一半。铃声响后，本节课所用PPT要处于打开并全屏的状态。教师立于教室前方，用目光关注学生，直到所有学生做好课前准备。铃声落，开始讲话。在课堂常规形成阶段，每节课伊始都要用一分钟对学生的准备工作进行评价。

"铃声落之前，×××同学做好了准备，所需文具放到了桌子左上角，坐姿端正，相信他这节课听课状态一定会非常好！"

"做好课前准备的同学有：第×列，第×列……老师为你们的进步感到欣喜！"

"这节课除了一位同学因事迟到外，其他所有同学都在铃声落下之前做好了课前准备，你们的进步太令老师惊讶了！请保持这样的状态，让我们一起开始今天的学习！"

……

学生习惯养成之后，每节课用一句话甚至一个表扬词评价即可。只要能坚持一周，效果立显，关键在于坚持！每节课都反馈！

5. 反馈以正面激励为主。树立榜样，让"后进"的学生悄悄跟上。课堂上的反馈要把卓越和优秀学生的名单拿出来（放到PPT上，配上醒目字体和颜色），加上老师语言的积极渲染，给这些学生以激励和能做得更好的信心。而对那些暂时没有做到的学生，允许他们暂时懈怠，但是老师要表现出积极期待，一旦发现他们有进步，也要拿到课堂上大力表扬，使他们有继续进步的愿望。个别"原地踏步"的学生，可以利用私下交流的方式问问学生：为什么没有做作业呢？是遇到困难了吗？或者在周六的时候单独给家长发消息，提醒家长督促学生完成作业……即用多种方式跟进，确保每个学生都不掉队。负面评价（如把没有完成作业的学生的名字标红等）容易让学生有破罐子破摔的心理，要知道，每个学生都有成为好学生的愿望，成就感长期缺失会使他们陷入习得性无助。

6. 课堂语言忌随意性。给学生多长时间完成一项任务，心里要有一个预估。说给大家 1 分钟时间，就尽量看着表控制在 1 分钟（即使不那么严谨，误差也应该控制在 10 秒内），如果通过观察、巡视，发现自己判断失误，需要更多时间，那就再跟学生说明："大部分同学没有完成，我们再延长半分钟。"而不能随口说出一个时间，又不遵照这个时间来执行。（比如写字的环节，老师说给大家 5 秒钟时间，结果用时至少要 30 秒。）

7. 言出必行。例如，据昨天晚上跟学生们交流时大家反映：老师说给我们三次机会，如果机会用完，要么违反规则的同学出去，要么老师出去。但是三次机会用完了，谁也没有出去。学生的眼睛都是雪亮的，老师越坚定，学生内心越清晰，越有秩序感（安全感）。目前您的问题是温和有余，坚定不足。学生们也会感受到这一点。

二、初见成效，继续加油

1. 课前语言比昨天精练了很多，课堂开启的效果明显提升。

2. 能窥见教师的坚定性：如，"××，坐好了！"这是语言上的坚定，很有效！还有一个学生看课外书，老师果断把课外书找出来，放到讲台前，这是行为上的坚定，赞！教师对秩序的维护越坚定，学生越有纪律。

3. 时间把握得比较准，说给大家"5 秒钟"，上下误差一两秒，再赞！
以下是几点建议。

1. 减少全体读或全体回答的次数。比如复习环节，有些学生可能忘记了之前学过的字的读音，可以先单个提问，提问时先让学习好的学生读，再让中等学生读，再让程度不太好的学生读，这样就相当于给了中等学生和后进生又一次复习、学习的机会，而且单独提问能提高学生的注意力，因为通常情况下学生都会担心自己被叫起来后不会读，所以别人读时他/她就会认真听。这样提问几个学生后，大家再一起读，相当于整体巩固，效果就会更好一些。如果一开始就齐读，很多人滥竽充数，还有学生不张口，学习效果就大打折扣了。后进生读对时要表现出赞赏，用语言或动作，越鼓励他们劲头越大；如果读错了就温和纠正、鼓励，相信学生下次一定能读好。学习新句子亦然：先让优秀学生读，其他学生可以跟读，再让中等和后进生读。

2. 知识的教授要循序渐进。如果是句子，句子中有新单词，可先让学生把新单词读会，再连成一句读，读的方式仍参考第1条，忌只齐读，不个别或分组读。

3.PPT 图片过多，会分散学生对教学内容的注意力。学生目光聚焦在图片上，讨论图片内容，反而忽视了真正要学的内容。所以建议PPT朴素，重点是让学生反复读单词、读句子，多种形式读，聚焦学习内容。

4. 建议课堂节奏紧凑一些。不问让学生摸不着边际猜测的问题，或者问了之后快速给出答案。学生猜测过多，也没有意义，很多学生思维就散了。

课堂内容和流程设计好是成功的最关键的因素，加油！

三、守住阵地，胜利在望

这节课的亮点如下。

1. 教师语言简洁、不拖沓，无效语言几乎为零，很棒！

2. 教师的评价语（即反馈）及时、到位，对好的学生的表现表示赞赏，也是在为其他学生树立目标。

3. 一节课结束后老师有反馈："这节课大家表现非常棒！"建议有时候可以适度夸张，比如，下课铃响后，老师站立，表情凝重地说："这节课，老师有一句话特别，特别，特别想说……"待学生所有的目光都注视着老师的时候，老师再突然转换表情，夸张地、兴奋地说："你们表现得太棒了——我非常开心！非常地爱你们——"以小小的玩笑让学生获得成就感，争取让他们下节课表现更棒，老师与学生们的关系就是这样建立起来的。具体方式可以多样，我只是举例，意会即可。

建议如下。

1. 对学生的迟到行为要做出反应，不要善于"体谅"，或觉得习以为常。上节是轮滑课，学生脱、收护具装备的确需要时间，但大部分学生都可以在上课前回到教室，说明全部学生都应该能及时回来（除极个别特殊情况）。但这节课有五六个学生迟到，而且迟到的学生从走廊到教室的路上没有一点紧张感，并且有几个从前门公然进入，丝毫没有觉得迟到是一件不好或不对的事，说明长期以来老师对迟到现象是麻木的。如果不对此做出反应，久之，能够按时到的学生也会迟到了。建议：（1）迟到者站到教室后面或两侧，自己看着时间（教室里有钟表），站够三或五分钟后自己回到座位；（2）在黑板上记下迟到学生的名字，让学生下课后向老师说明迟到原因。二选一，或有其他办法都行。有时老师只要作出一个小小的反应，不良现象就能在很大程度上得到改观。切忌太"体谅"学生或麻木不仁。

2. 课堂上时刻关注全体学生。课前准备是否每个学生都准备到位了？讲课时目光在每个学生桌上扫视一遍基本上就能看出来。上课十分钟了淳的桌上只有一本书（而且还不是要用的书），我询问后他才从一堆单子里翻了几分钟找到了学习单。整节课他就在玩，根本没有听课。还有几个学生也是没有集中注意力，这需要老师在课堂上足够敏感。这个对老师要求比较高，但是刻意练习，很快也能兼顾到的，要有信心。

3. 如果班级秩序整体稳定了，就要着重关注后进的学生。时间久了，对哪些学生学习有困难就能够做到心中有数，课堂教学在提问、读、写等环节就要多关注这些学生，课下也可以多交流，与学生建立良好的关系，增强他们学习英语的信心，所谓"亲其师，信其道""存在关系先于认识关系"，即此理。

4. 有难度的句子建议教师领读，一句一句领读，或者优秀学生领读。今天在后面读的环节很多学生还是囫囵吞枣，需要用课下或下节课的时间再巩固，如果必要，可以让小组长为一个个学生检查句子的朗读情况，学生的知识就能够得到落实。

期待下节课更精彩！

四、又上新台阶

上节课秩序很好，意识里我觉得跟课型是"练习课"有关。因为练习课需要学生把听和写结合起来，如果动手多了，纪律就相应会好。本来隐隐担忧，如果仍是以讲为主，不知道学生能不能保持好的状态，但是今天的课堂效果打消了我的疑虑——整节课几乎没有写的内容，但学生在老师的组织引领下仍能有秩序地参与学习活动，令人激动！

值得赞赏的地方如下。

1. 这节课真正像英语课了。读得多，老师讲课使用英语也多，英语课的感觉就出来了。个人觉得哪怕学生听不懂，哪怕老师说过一句英语之后紧跟着再来一句中文翻译，让英语出现的频率高一些也是很重要的，这就是所谓的"熏"吧？营造一种英语的氛围，学生被"熏"久了，学生能听懂的英语常用语就越来越多了，当然，这也有助于培养学生的英语语感。

2. 读的形式多样，效果非常好。这节课几乎没有上节课出现的松松散散的整体读，而是换作个别读或小组读的方式。观察了一下，小组读时，学生参与率非常高，有的是全组参与，有的只有一两个学生没有跟上节奏读。还有一个亮点是，老师在挑选哪一组读时，点明了选择这组读的原因："第三组同学坐得非常好，没有人说话，第三组来读。"这样的评价语就为学生们提供了标准——如果你们也都能做到这样，就有机会获得读的权利。所以这个地方要点赞！另外一点，有一个环节，举手的学生比较多，老师说："举手的同学都可以站起来读！"就是这样！用多种形式刺激学生的兴奋点，课堂就会有起伏、有活力。站起来的学生读得又认真，声音又响亮。

3. 有关注全体的意识。在开头唱英文歌时，老师不是沉醉在自己的世界里（印象中前几节课有一个环节，学生在齐读时老师只低头看自己手中的单子，没有关注学生在干什么），而是在全班巡视，观察学生的学习情况，有问题时将问题及时指出，这点也很棒！

还有几点建议如下。

1. 上课伊始，学生没有完全安静下来，有小声说话的现象。老师需要及时做出反应，比如静两三秒钟，提示："现在老师听到教室里还有一些声音，我在等待所有同学都安静下来。"然后注视全班，等待。通常情况下，学生只要听到这句话，就能在几秒钟内安静。这时教师再说（可以伴随伸一个大拇指的手势）："非常好！谢谢大家的配合！希望这节课不再出现说小话的现象。"接下来再开始讲课。

2. 有了关注全体的意识，但仍需继续练习。老师能边讲课边关注学生，尤其是所有学生，这本就非一日之功。换句话讲，这是岁月的事。老师在课堂里时间久了，才能逐步做到一心用在课程（所教内容）上，一心用在关注学情上。但如果有意地训练自己，能够缩短习得这项能力的时间。本节课齐读环节很少，在学生齐读时，老师是在用耳朵听，而没有用眼睛看。无法判断听到的声音是不是所有学生在读，而加上眼睛观察，就能够知道大概有多少学生在读。如果一时半会儿不能让所有学生都参与进来，那么可以采用表扬的方式："刚才大家在读的时候，×××和×××同学读得特别认真！声音也很响亮！"这样说一句，接下来再齐读时，就会有更多的学生以老师刚才的评价语为标准去做，结束后老师再点名（或点小组）表扬，通过积极反馈带着学生们往前走。

3. 提问面尽量大一些。这节课有几个学生回答问题的频率比较高，一节课被点名回答了三四次，而大部分学生没有回答问题。没有回答问题的学生里，有的可能是不会，有的是会但不想举手。老师可以兼顾一下，尽量给更多的学生单独发言的机会。

4. 有时需要"穷追不舍"。学生读一个句子（或单词），如果读错了，老师或其他学生指出了错误所在，那么请读错的学生再读一次。如果学生仍读得有误，老师再教，学生再读，直到这个学生读正确为止（当然，极特殊时候学生读了几遍仍不正确，那么就需要老师把握好度，适可而止，课下再单独教学生，以免打击学生自信心）。这样，可以切实地让学生掌握这个知识。

5. 小组读时，建议把另外的小组是否认真倾听作为下一次挑选小组读的一个依据。比如 A 组学生读时，老师一方面观察 A 组所有学生是否在读，另一方面观察其他两个小组的学生是否在认真听。如果发现 C 组学生比 B 组学生听得认真，待 A 组学生读完后，评价："A 组同学读得很好！老师发现 A 组同学读的时候 C 组同学听得特别认真，会倾听可是一项高效的学习技能哦，奖励 C 组同学再读一次！"这样时间久了，倾听的学生就会越来越多。

6. 通过观察发现，虽然课堂秩序好了很多，但是仍有为数不少的学生上课不听讲。也许是习惯走神，也许是英语基础太差听不懂。还有两三对学生上课说话或玩，老师没有留意到。这个问题彻底解决不容易，边走边看吧。

五、关于听写

进入主题之前，先说几个小细节。

1. 命令要简短，坚定。如"不要说话了，好吗？"改为短促有力的"安静！"话长了，气场就弱了。

2. 课堂上，一个环节结束，进入下一个环节时，要注意"整顿"一下课堂。先扫视全班，反馈："现在×××的眼睛已经看着老师（屏幕）了，×××也看着了；第×排同学都看着了；还有两位同学还没有看老师（屏幕）；都看了，你们非常棒！"用十几秒来做这样一个"整顿"，提醒学生，有助于保证听课效果。

3. 学生读句子好像挺困难，可否由慢读——一个词一个词地读，到慢慢加速，直至正常语速。课堂应该主要面对中等学生，只有几个优秀学生能跟上，大部分学生的收获就比较有限。

重点说说听写。听写的目的不是难住学生，而是帮助学生记住听写的内容。所以听写时要注意以下几点。

1. 每次听写的量要把握好，不宜过多。

2. 可以有层次地听写。

（1）告知学生听写内容，先给一两分钟时间让他们复习巩固，然后教给他们复习方法：一看就会的词看看就过，不会的重点记忆，用笔在练习本上写几遍的记忆效果比读几遍要好。

（2）预热。学生左手拿书，教师读单词时，学生用右手指在桌上写。遇到不会的单词，学生可以迅速看一下书后再写，加深记忆。

（3）正式听写。书收起来，本子和笔准备好，听写。

（4）听写后订错。学生可自己对照黑板（或书本）订正，也可以同桌相互检查。错误的单词快速写三遍，或抄写到错题本上。

这样几个环节下来，听写的效果要好很多，当然时间也会相对较长。但课堂内容的安排本就不宜过多，宁可少而件件落实，也忌多而泛泛流过。

你所有的才华，都可以借教师这个职业发挥得淋漓尽致

大概早在七八年前，我就觉得教师是一个综合性的职业。哪怕你教的是一门（重读）学科，或语文，或英语，或地理，或化学，或音乐，或体育……但是只要你做了老师，就不要担心自己的才华没有发挥的余地。

好的老师，一专多能。

如果你教地理，但是有一手画画的本领，那么你画地图一定很棒；

如果你教化学，但是歌唱得很棒，你可能会把各种元素、公式编成词曲教给学生们；

如果你教数学，但是文学素养很好，你一定能把那些数理逻辑用优美恰当的语言表达出来，你讲的课清清楚楚明明白白，学生喜欢听、学得好；

如果你是一名舞蹈老师，但是歌唱得也很好，你的课堂可能会载歌载舞，更是艺术的享受；

如果你是一名科学老师，却会唱歌，会画画，会摄影，会修图，会写文章，会使用各种恰当的表情包，会做各种美食，那么你也会成为学生所能看到的一个"小世界"，影响到与你生命气质相近的学生。（这条是以加斯顿小学的科学老师——魏冰为原型写的。）

如果你是语文老师，做班主任，你的才华更能得到充分发挥。你有哲学思

考，你带的学生格局大、三观正；你有心理学爱好，就能懂得学生，迅速找到适合他/她的教育方法；你审美力强，PPT一定做得赏心悦目，平时给学生拍个照片质量也会非常高，甚至你设计一份假期作业、一份统计表格，布置一间教室，看起来都会很舒服，这在无形中也会影响学生的审美力。

你爱旅游，爱美食，爱音乐，爱舞蹈，爱收纳，爱养植物……你所有的热爱都会渗透进你的工作中，有意无意地影响到学生。所以我们说，课程做到最后，课程就是讲台上的那个人。你用你全部的生命，你集合起自己所有的过去站在讲台上，与世界上最敏感的心灵接触，这是一件多么有意义的事。

所以，一所好学校，首先重要的不是校舍的大小奢简，而是有一群什么样的老师，他们是不是有趣、有料，并且对自己的专业领域有深入的研究。对于老师来说，优秀的同事是极好的学习资源；对于学生来说，有一群优秀的老师才是学校能给予他们的更重要的"环境"。

如果你才华横溢，又对教育有兴趣，真的可以考虑做老师。

纵然世界总在变化，
但生活不会亏待那些不变的人

战争，飞机失事，倒春寒……视觉上已然柳绿花红的春天，因为这无常的世事和阳光的常规性缺席，让人很难愉悦起来。

尽管如此，我还是希望更多的人能从生活和工作中找到快乐，它是抵挡一切不如意的武器。

快乐的秘诀之一，就是做个"不变"的人。

1

比如认真工作。

日本实业家稻盛和夫说：只有极度认真工作，才能扭转人生。

固然不是每个人都需要扭转人生，所以大多数时候也用不上"极度"二字，但认真工作总是没错的。在适合的环境中认真工作，逐渐有所生发和创造；在需要改变的环境中极度认真工作，慢慢影响环境，甚至改变环境。

所以，无论你在哪里，无论世界怎样变化，让"认真工作"成为你经历的所有变化中的不变因素，你就是在为自己的未来开辟道路。

2

作为一名一线教师，课堂的高效性应该是整个职业生涯中不变的追求。

课堂是全息性的，越深入课堂，我对这一点感受就越深刻。

你是否能合理设置课堂流程？

当你在课堂上讲一道题，是先让学生看着大屏幕听你讲完这道题再翻开书找到相应的题去做，还是先让学生翻开书你再去讲这道题？类似这种小得不能再小的细节，其实对学生的学习效果都有大大小小的影响。

在学习一个新知识点之前，你能否设置一个好问题一下子促进学生深入地思考？

很多老师的问题抛出来，总能把学生整蒙。有些问题或超出他们的认知，或与他们的生活严重脱节，他们不知道该从哪个点入手去回答老师的问题，所以就天马行空乱答一气，课堂的时间就在这不着边际的回答中被消耗掉了。

在学习一篇新课文前，你从哪个角度切入能唤醒学生的经验，激发学生学习的兴趣？

每篇课文都有很多种导入方式，但是不依据学生实际认知的导入，常常沦为一种"秀"，为导入而导入，好看、花哨，却像肥皂泡般只在学生的头脑里轻轻"砰"了一下，与实际授课内容难以形成良好的逻辑关系。

在教一个生字的书写时，你在黑板上的哪个位置示范能让所有学生都看清楚？

有的老师只管写，自己的身体几乎遮住了全部的示范，学生只能望着你的背影伸着小手跟着你瞎比画。有的老师有些意识，稍侧一下身子，但这也只能让一部分学生看到，另一部分你身后的学生就只好跟着能看到的那部分学生"人云亦云"。如果我们心中时刻都装着教学目的——让每个学生都学会，我们就会在课堂上自动化地找寻合适的方法，落实每个教学目标。教写生字，把田字格贴贴在比自己的头顶高一些，但又不影响自己规范书写的高度，很难吗？

什么是"以学生为中心"？不是以学生的喜好为中心，而是以"让学生掌握我所教授的知识"为中心。

在讲解一道题目之前，你如何组织语言帮助学生理解题目？

无论是哪个学科的题目，帮助学生理解题意是学生把题做正确的基础。你怎样组织语言能够明白地讲清这道题，而不是让一部分聪明的学生理解了你的意思（事实上聪明的学生可能不需要你讲他们就能明白），让另外一大部分学生费很大劲才知道你在说什么？有些注意力差的学生干脆在你复杂的语言中直接跑神了——我听不懂，不听了行吗？

还有啊，面对不同年级的学生，怎样的纪律管理方式能让他们集中注意力？不同的文本类型，采用什么样的教学方法？低年级英语，重听说还是重读写？……

课堂是全息的。一个老师在进入课堂之前，带着怎样的对所授内容的理解、对面前这个年龄段的学生的理解，课堂管理在什么水平，教学方法到达哪个层次，甚至他/她的人生经历，与他人的交往方式，对教师职业的热爱程度，等等，都决定着他/她会如何进行课堂教学。

总之，上课这件看似简单的事，哪有那么简单！

但一名好老师，会不断追求课堂教学的高效性。只有保持这个追求不变，才能在千变万化的教育政策中立于不败之地。

素质教育，"双减"，以及种种类似的教育政策，唯在课堂高效的保证下才能让教学减负不减质，让政策落在实处。

所以，纵然世界总在变化，但总有些"不变"的东西可以让我们应万变。

做个幽默的老师

1

没错,老师对学生们是有爱的。这当然很重要。但是,似乎——缺了点——幽默。

除了与学生私下交流时的柔声细语,以及必要时的严厉严格,在平时的观察以及听课过程中,我觉得,老师们的幽默少了一些。

所以,今天听韩瑞老师的数学课,她让学生们打开课本时说:"翻到第第第第——××页"的时候,几个"第"字就让我捕捉到了一种幽默感,学生们当然也笑了。

是的,老师不知道是第几页,就边翻书寻找边蹦出一串"第"字,而学生就觉得好玩。

下课时,学生向老师道别:"老——师——再——见!"

一个调皮的学生不知道说了句什么,韩瑞老师笑着说:"再也不见?"学生又笑了。

2

在前段时间的某次共读中,魏智渊老师引用了《可见的学习》中的一句话:

长期处于快乐和良好的情绪状态下的人更有可能有创造力和成为高效的问题解决者。

在泰戈尔的《新月集·家庭》中,也有这样的诗句:

在那些家庭里,有着摇篮和床铺,母亲们的心和夜晚的灯,还有年轻轻的生命。他们满心欢乐,却浑然不知这样的欢乐对于世界的价值。

是的,如果每一个家庭都是欢乐的,每一间教室都是欢乐的,学生们该是多么健康,这个世界该是多么美好。

做个幽默的老师,意义就在于能够给学生提供快乐。

童年的快乐是靠什么给的?从生理需求来说,是美食、玩具,是亲人的爱所给予他们的安全感;从社会情感的角度来说,是和小伙伴之间的友谊,是轻松愉悦的学习氛围。

而学习氛围中,师生关系占了很大一部分。

幽默,就是拉近师生关系的一种极好的方式。几乎没有学生不喜欢幽默的老师。

一个能够在学生面前幽默的老师,说明他/她自己也常常是快乐的,再遇到纯真懵懂的学生,快乐就很容易以好玩的方式传递给学生。

用幽默的方式讲课或让学生明白些道理,比一本正经地训斥、灌输,效果要好得多。

生活中我其实并不是一个幽默的人,但在面对学生的时候,我的课堂上总不缺笑声。

想起这个话题的时候,就想到了我 2011 年在 QQ 空间里写过的一篇文章,题目就叫《做个幽默的老师》。以下是全文。

我每天都要从学校西头的教导处走向学校东头的教室。

课间我向教室走去时，在东教学楼下一个小角落里，总有固定的几个女生在那儿玩耍，每次我脚步匆匆地走到那儿，她们只要一看到我，便会一起说："老师好！"

那天我又走过去，抬头看到她们，在她们欲说"老师好"时，我先她们一步学着她们的样子举起右手行着队礼说："老师好！"

她们的话被噎了回去，随即哈哈大笑起来！我也哈哈地笑，跟她们一起开心。走到楼上，还听到她们仍然在笑，此后，我再经过那个地方，她们喊"老师好"时更多了一份快乐。

我的课堂上，常常充满笑声，没有预设，一些幽默话语都是心到之时随口而出，惹得学生们哈哈大笑，在笑声中学文明理。

我最爱开玩笑的是讲词语的时候，有时候一些词语的意思学生不大容易理解，我就常会拿班里的某些学生来举例，他们的注意力被吸引，在这种真实或假设的情境中，他们笑得开心的同时也理解了词义。

今天讲第七课时，有个学生提问，"挣扎"是什么意思？我请一位学生回答之后，发现学生们还不是太明了，我就开始"编故事"了："有一次吧，咱们班毕苏博一个人在家，他听到有人敲门，就把门打开了。一打开，就被一个人用麻袋套住了！然后那个人把他扔到地上，就开始抢他家的钱物。大家说，毕苏博是不是乖乖地躺在麻袋里睡大觉？"

学生们哈哈笑着说："不是不是，他肯定使劲想从麻袋里出来。"边说还边挥舞着胳膊，蹬着腿。我也挥着胳膊做着挣扎的动作，这样，学生们很直观地理解了什么是"挣扎"。

我又问："遇到什么情况的时候也会挣扎？"学生说掉到水里的时候，被人绑住的时候……一个词，没有进行生硬的解释，就这样被理解了，而且理解得非常开心！这样解释词语的例子数不胜数，所以课堂上常充满欢笑。

不仅在解释词语上如此，如果教师能够常常幽默一些，就会在处理任何有关教育教学问题的时候都能使学生在一种轻松的氛围中受到教育。

再比如，看到学生们做操前和做操中总是不能肃立待操，今天课讲完后我说："昨天老师们下午放学后都练广播体操了！"他们一下子都盯着我，期待我后面的话。

我继续说道："老师们练操的时候，音乐开始前都静静地等着，音乐一起，老师们就开始踏步（顺便带动作），做完之后，又静静地站在自己的位置上，等着下一遍音乐响起。而咱们班同学做操的时候，没开始前总是这样（我做了好几个他们顽皮捣乱的动作），做一遍之后又开始这样（继续做动作）……"学生们看了我的动作哈哈大笑！

笑完之后，我问："老师说这话什么意思呀？"他们当然聪明，一起说："做操时不能乱动——"我接着他们的话又对他们进行了一番让他们保持良好精神面貌的教育，紧接着的广播操真是比以前进步了好多呢！

静下来想一想，如果教师每天都能保持一份好心情，就能常蹲下来看学生，就能理解他们的所作所为，并采用他们乐于接受的方式切中要害地对他们进行教育。在教育教学中时常幽他一默，让学生开心、快乐，学生如何能不喜欢你，不喜欢你的课？

老师，请记住，你的标准决定着你的行为

1

在我求学和从教的生涯中，有两次升旗仪式给我留下的印象非常深刻。

第一次是我上初中的时候。屈指算来，已经是三十一二年前的事了。

像现在一样，学校每周一都要举行升旗仪式。国旗台在校园东边，全校几十个班级面向旗台而立，升国旗，唱国歌……一切都按照既定流程在进行，与平时无异。

唱完国歌，升旗手和护旗手退场时，校长忽然走上升旗台，拿起话筒，讲了一段话。他讲了国旗的象征意义，讲了无数革命烈士献出宝贵的生命才换来了新中国的成立，讲了国旗的红色代表烈士的鲜血……

最后，在他的提议下，重新进行了一次升旗仪式。整个过程，我相信全校师生都像那时那刻的我一样，内心涌动着崇高的情感，对国旗的敬畏，对烈士的敬仰，对新生活的感恩。

从此，每一次升旗仪式，我都会想起那个时刻，身体不由得挺直，望向国旗，借此表达自己对祖国的热爱。

敲下上面的文字，我竟热泪盈眶。想起艾青的诗：为什么我的眼里常含泪水？因为我对这土地爱得深沉……

我想，当时拿着话筒走上旗台的校长心中一定有标准：在升旗时，学生应该是什么样子的。但我们当时没有表现出这种样子，一定是在升旗时站姿松垮，甚至交头接耳、窃笑……这不是他心中的升旗仪式该有的样子。

但他并没有夺过话筒，粗暴地训斥，告诉学生必须立正！必须安静！必须行注目礼！而是语重心长地给我们讲国旗的来历和意义，唤醒了我们每个人心中蕴藏的爱国情。当我们心中涌动着这种浓烈的情感的时候，自然就知道在升旗仪式上应该怎样做。这才是最好的行为教育。

我经常转述魏智渊老师的话：所有的规则都要伴随着解释。校长的行为深刻地诠释了这一点——为什么升旗仪式时我们要严肃、认真？因为每一次升旗仪式都是一次对祖国的爱的表达，对烈士的崇敬和感恩的表达，只有"庄严"二字与之相配。

那位校长叫王佳银。

2

第二次印象深刻的升旗仪式距今也有十几年了。那时我已经是一名教师，把一届学生从一年级带到了六年级。

学校对升旗仪式进行改进，由原来的老师担任升旗手变为学生担任，第一个接受任务的班级就是我们班，因为我们是六（1）班——年级最高且班号最靠前的班。

接到承担升旗仪式的任务，我便开始着手设计这个仪式。我心中确实是有标准的，这个标准就是天安门前的升旗仪式。我希望我的学生们像那些战士一样，从身姿到步伐，充满正气！

于是，先选拔升旗手和护旗手。个子均等，充满阳光积极气息的，无论男女，都是首选。好在当时我带的是94人的班级，自己又带了六年，找两拨这样的学生也不成问题。然后进行训练。我喊口号，教他们走正步，告诉他们作为升旗手和护旗手心情应该是什么样的，表情应该是什么样的。我还专门去学校后勤处找了几套春节上街表演时小号手们穿的白色礼服、礼帽，作为他们的升旗服装。

周一升旗那天，主持人"第一项：出旗"的话音刚落，学生队伍一侧，"正步——走！"一声嘹亮的口令，四名护旗手和四名升旗手，身着白色礼服，手戴白色手套，迈着也许并不标准却整齐有力的正步，在"一二一"的口号声中走向升旗台。之后，他们向左、向右转，挂国旗，升国旗，唱国歌。主持人也是我精心训练过的，声音干净利落，身姿昂扬挺拔，整场仪式下来完全达到了我心中的标准。

升旗仪式结束回到办公室，老师们说，真好呀！升旗手、护旗手一出场，全校学生的目光都被紧紧吸引了，整个校园里只响彻着嘹亮的口号声。

3

无论是在升旗仪式上给我们上了一课的王校长，还是当年作为班主任的我，我们心中对升旗仪式应该是什么样都有一个标准，所以才决定了我们采取怎样的行为去朝向这个标准。

也因为心中有了这样的标准，所以在我当班主任的时候，但凡看到自己班的学生在升旗仪式上站没站相、窃窃私语，升国旗的时候不行注目礼、身体扭动，我就觉得不能容忍！回到教室我一定会进行暮省！升旗前，老师在队伍里转一转，拍拍哪个学生的肩，或一个眼神递过去，就会唤醒他/她关于暮省的记忆，他/她就知道他/她应该怎么做。当你跟学生交流多的时候，对于学生来说，你就是行走着的准则。

升旗过程中，有时我站在队伍前方，绝不往后看，而是行标准的注目礼。

因为我知道后面有学生在关注着我，哪怕有漏网之鱼这次趁老师看不见又没好好做，我也要为那些关注我的学生做好榜样；有时候我会故意站在队伍后方，这样在行注目礼的过程中，可以用余光关注着学生，看他们是否遵守了升旗的规则。发现问题，及时暮省。教育，就落实在每个细节中。

每一位老师在面对每一件事情时，心中都应该有一个标准。

你心目中，你的班级应该是什么样的？你心目中，器乐日课练习时、晨诵课时，学生应该是什么样的？你心目中，你们班级的学生在公共场合应该是什么样的？你心目中，你的课堂应该是什么样的？你心目中，学生的作业应该是什么样的？作业本的封面应该是什么样的？……

当你心中有标准，你就不会对学生的松懈、散漫、敷衍视而不见，而是一点一点地去教育、去帮助他们，日拱一卒，以日以年。达到我们心中的标准并非一蹴而就，但高期待、细跟进，只要上路，总会遇到隆重的庆典。

老师的眼里要容不下"沙子"

我给大多数人的印象是比较温和、安静的,好像永远不急不恼。但我总觉得,很多时候,我是个急脾气。只不过急的时候很少直接把脾气发出来,而是自己在心里反复琢磨:怎样才能改变这种状态?沟通,跟踪,还是再等待?

反思我的"急",其实是对低效行为的不容忍。

1

比如课堂上,老师在讲台上滔滔不绝,台下却有一拨学生或交头接耳,或自顾玩耍,完全没有听老师讲课。而老师呢,被另一部分学生满足着:他们认真听课,积极响应老师的问题……老师就会自我感觉良好——你看,我问个问题有这么多声音回应,我让读个句子或题目读得也挺整齐。但是,那一拨不认真听课的学生呢?他们一节课收获寥寥无几,身心都处于松懈状态,长此以往,就变成了后进生。

对于后进生来说,课堂上没有真正的学习行为发生,课下又得被老师揪着补知识、补作业,老师还得联系家长反馈问题……给自己、老师以及家长制造了一系列的麻烦。而且课后补知识、补作业的效果又实在微乎其微,还大量侵占了学生本该休息或玩耍的时间,如此,进入恶性循环。

当然，有些后进生的接受能力的确存在一定问题，但更多的只是没有养成好的听课习惯，需要老师关注和提醒。如果老师能认识到你的教学行为面对的应该是全体学生！是每一个！那么，你的班里一定会少一些后进生，你的教学也才能称得上有效。

课堂高效了，不仅节省了后进生的时间，也节省了自己的时间，同时，好的教学结果也在前方等着你，何乐而不为？

纪律是学习的保障。学生在课堂上，身体可以放松，但精神要保持紧张。可惜很多老师没有意识到学生身心的同时放松，导致低效课堂不断产生。

所以，我们一方面要提高自己的课堂教学水平，因为一节环环相扣、清晰干净的课本身就是最好的纪律保障器；另一方面，也要提高自己的课堂管理水平，学生如果不会听课，教学事倍功半，真是想想都急。

2

再比如大型集会，像小桥音乐会、升旗仪式等，你会发现，所有秩序好的班级，班主任的眼睛几乎不会离开学生。他/她时刻关注着整体，哪个学生有点风吹草动，他/她会及时发现，上前处理，但几乎同时，他/她仍然用余光或耳朵关注着其他学生的动向。

有些老师担心自己严厉的话会伤害到学生，这样的老师确实非常有爱，也非常珍贵。但是要知道，"严"也是一种爱，而且是一种必要的爱。这里的"严"，更大程度上不是严厉，而是严格。俗话说"严师出高徒"，严格要求的老师才能带出训练有素的学生。

对学生管理来说，严厉也是必要的，它有助于你快速组织学生形成秩序，毕竟时间都是靠争分夺秒而有的，时时事事都讲清道理，会耗费太多时间成本。

所以，面向集体，该严厉时严厉，形成一种气场——你往那儿一站，目光一扫，学生就知道应该怎么做，但他/她心里并不恐惧，只是知道老师的目光告诉我，此时我应该立正站好，或应该有怎样的表现。

面向个体，更多的时候是温和——了解学生遇到的困难，帮助学生认识到自己的问题、改正错误。

但面向全体的严厉，切忌恐吓、挖苦、讽刺学生，不要把自己管理能力的低下转化为满腔的负面情绪，对着比你"弱小"的学生一通发泄，这样不仅于事无补，也会把你推向学生的对立面，难以建立起良好的师生关系。

面向个体的温和，不能成为无底线的纵容。态度可以温和，但我的要求你必须做到，否则我就一直"追"着你，直到你完成为止。

3

近几年有一本书很火，《高效能人士的七个习惯》。每个老师都应该努力成为"高效能人士"，只有工作高效能，才能把自己和学生从繁忙中解脱出来，在该学习的时间高效学习，腾出时间用于休息和娱乐。

高效能体现在：在你负责的场合（如课堂、会场、放学的路队等）对每一个学生关注，眼里容不下一粒"沙子"。也体现在你合理安排学生在校的每一段时间，设定好流程，让每个时间段都不浪费。

比如有的班主任在学生用午餐时把午餐流程放在大屏幕上，学生先干什么后干什么，一目了然。看餐老师只负责监督整个过程，学生做得好的地方及时肯定，做得不好的地方及时提醒。所有的好习惯都是反馈出来的，反馈，反馈，再反馈！而反馈绝不只是班主任的事，它是每一位教育者都需要反复修炼的技能。

4

上周段杏幸老师教研时,她说,在她的课堂上,哪个学生的头发丝动一下她都能看到,这就是关注每一个学生!她的故事讲得生动有趣,在其他学生被故事深深吸引的时候,他们不知道段杏幸老师悄悄走到了一个没有专注听故事的学生面前,扳正了他的小肩膀。

我们经常说要"以学生为本",其中一个重要的点就是关注学生的学,关注每一个学生的学,眼里要容不下"沙子"。

老师需要有全局思维

1

作为一个有二十多年教龄的老教师,我清楚地知道:期末复习阶段,是老师动怒的高频期。

这些内容都讲过几遍了,一写怎么还是错的?!

我特别强调了要把这份试卷写好,怎么一交上来还是乱七八糟?!

×××写错也就算了,毕竟他/她能力本来就不好,可×××竟然也错了!他/她可是优秀学生呀!

……

抱歉,老师,岂止期末复习期间如此,等你看到学生的试卷时会更加愤怒:

这个字不该错呀!我明明考前还特别强调了的!

这道题不该错呀!我明明讲过的!

这怎么能错呢?!怎么能犯这么低级的错误!

……

是的,你拿到试卷一览下去,觉得这些题明明不难,自己都讲过,都强调过,但看到学生的做题情况之后还是会被气到肝疼!

你要知道,你不是孤军奋战,大多数老师的反应都跟你一样。

2

但以上所说的因复习或考试而滋生的愤怒情绪，其实是可以避免的。

我曾是一名年轻老师的时候，带的班级里有八九十个学生。在他们犯错误时，如果不板着面孔提高嗓门"镇压"，局面就会失控。和风细雨，个别交流，促膝长谈……在"大班额＋年轻教师"那里，很难实现：仅仅批改一课生字作业，基本要花去两节课时间，还要备课，哪有空去跟家长交流，跟学生谈心？改作文，则得像现在南明教育旗下老师给学生写期末颁奖词一样，任务分解，一天改七八本，才能按时、按质完成任务。

所以，学生作业质量差了，吼！纪律乱了，吼！犯错误了，吼！

"吼"中不仅有恨铁不成钢的愤怒，还夹杂着讽刺和威胁：

你们能什么能？咋不上天呢！

你厉害，那你把成绩考好啊，这算啥本事？！

下学期我就跟学校申请不教你们了！

……

我这种性格偏温和的人，也不得不屡屡使用这些招数。时至今日，回望那个年轻气盛的自己，知道这些愤怒和言语背后是自己的无能：对学生不够了解、不能接纳，不知道除了吼之外还能用什么更专业的方法（比如细致的跟进）达到自己预期的目的。于是，是真的经常被学生气到。多年前我曾写过一篇文章——《教育，在冰与火之间》，描述的就是自己站在讲台上给学生讲课时，充分享受到了课堂的快乐；但面对层出不穷的纪律问题、学生的心理问题时，又像掉进冰窖里。

我经常把这些情绪带回办公室。在教室里把学生批一顿、吼一通，自己回到办公室得坐下来好一阵儿才能让怒火散去。

但是有一天,我吃惊地发现,一位"老教师"在教室非常严厉地批评完学生之后,一回到办公室立刻谈笑风生!我就纳闷了:"×老师,您批评完学生不生气吗?"

"不生气呀!批完了就批完了,他们犯错了就得严厉批评,不批评他们怎么知道自己的错误?但批评学生不会影响我的心情。"

哇,这位老师的形象瞬间在我心里就变得高大起来——能做到怒而不走心!嗯嗯,这是我要修炼的目标!

3

当我又在教育的路上走了很远之后,我明白那位老教师也可能只是做到了能较好地把控自己的情绪。但真正的不动怒,则必须来自我们对学生、对生命深刻的理解,以及由理解而产生的慈悲,也包括你在自己当下的处境中能不能有一种全局思维。

你讲过了,学生还不会,多正常!

在语文老师的脑子里,只有学生要掌握的语文知识;在数学老师的脑子里,只有学生要掌握的数学知识;在英语老师的脑子里,只有学生要掌握的英语知识……我们每天都在备课、上课,脑子里高度聚焦的是本学科的这些知识。

但是在学生那里:一节语文课结束了,英语课开始了;英语课上完了,数学老师来了;数学上完了,到舞蹈教室记舞蹈动作去了;舞蹈上完了,轮滑的技巧也要记……学生接受的是各个学科的教育,他/她怎么可能做到把你教的一点不漏地全都记下来?更别说他/她若有个头疼脑热,状态不好,能吸收的东西就更少了。

所以,只有通过日课、清单、复习等方式不断地巩固知识,才能在一定程度上保证知识被记住、被理解、被运用。

学生暂时没记住，正常，不用生气。

老师真正要做的，是如何在细节处把控，设计科学的、完整的流程，尽力确保课堂上的最高效率。在此基础上，再针对不同的学生，采取不同的方法。比如布置分层作业，抓住学生闪光处及时鼓励，无缝跟踪，等等。

如果不能确保课堂的高效，只是把时间花在事后追、个别补上，岂不是"亡羊补牢"？而提高课堂效率，就是在加固羊圈，预防羊儿丢失。

做个好老师确实不容易。要了解学生，要理解教育，要有教学技巧，要敏感地捕捉教育契机，要能盯能放，要给"仙人掌"少浇水，给"栀子花"多浇水……

哪怕是"答疑"这件小事，其中也包含了复杂的情境和诸多教育智慧。而教育中，有多少类似的小事在考验着老师呀！

我们可能无法在人间做大事，但我们能用大爱来做小事。

我还读到一个词：知全守分。

这句话和这个词表达的是同一个意思：在全局思维下，扎扎实实地做好手边的每一件小事。"全局思维"的重要性就在于，你能把当下所遇到的小事放到更大的背景中去看待，就更容易理解，更容易看开，更容易让自己保持平静的情绪。

当你不因这些小事被学生"伤害"的时候，你就成熟了。

教育如此，人生何尝不是如此。

教育做得越久，我越不敢轻易评判对错是非

一位妈妈在群里发了一段话，大意是：自己的孩子因为上课时拿出了刚买的迷你订书机看了看，老师就让孩子把订书机扔进了垃圾桶，孩子下课也不敢去拿，怕被同学说或被举报。妈妈听了很愤怒，觉得老师太可恶，把学生当犯人监管，太专制了。

这条消息，容易引起很多人的情绪共鸣：是的，这样的老师太可恶了，学生一点点自由都没有。

然而，多年的教育经验却使我不敢仅凭这些信息就妄下结论。因为，太多时候，家长听到的孩子的描述只是片面的，如果不能还原当时的真实情境，很可能会产生误解。

我需要了解到更多的信息才能对这件事情下判断：学生只是把新迷你订书机拿出来看看吗？有没有发出声响，较严重地影响了课堂教学？老师是一位刚入职的新教师还是有一定教学经验的教师？家长对这位老师有比较深入的了解还是只接触过一小段时间？当时是在上自习（写作业）还是老师正在讲课或讲他/她认为非常重要的事情？老师让学生把订书机扔进垃圾桶，当时有没有想过下课时再单独把学生叫过来谈一谈这样做的原因，但是下课的时候却忘了……

以上每一个问题的不同答案都会影响我对这件事情的判断和处理。

例如，在班额比较大的班级，教师需要树立更多的权威，让他们遵守纪律。那么，表现出严厉就是最简单直接的树立权威的方式，尤其是对于刚入职的老师来说。我常拿刚入职时的自己开玩笑——刚参加工作，带了一个80人左右的二年级，在学生面前，哪敢笑，一笑就收不住场了（年轻老师一定会共鸣），所以就装出很厉害的样子。

所以，如果这位老师是个新老师，那么我会对他/她产生同情，他/她可能不知道除此之外还有哪种更好的方式来处理这件事情。如果他/她正在讲课，讲到非常关键的地方，学生却在下面玩订书机发出较大的声响，他/她在课堂上也没有时间去通过沟通、了解等方式去处理这个问题。但是不能同意的一点是，他/她让学生把订书机扔进垃圾桶。哪怕是出于对物品的珍惜，扔进垃圾桶也是不对的，有些极端了。先没收，下课后跟学生谈话，根据谈话情况当场归还学生物品或请家长来学校归还物品给家长，都是可取的。再迷你的东西，在学生那里，可能也是一件心爱之物。

那么作为妈妈，如果我听到孩子反馈的这件事，我会这样处理。

先询问孩子，尽量还原现场：当时老师在讲课吗？你只是把订书机拿出来看了看，还是不停地玩，没有听课甚至发出声响？

了解了情况之后，再让孩子说说自己做得不对的地方在哪里。遇到事情，先从自己身上找原因是我们需要教给孩子的一个重要的思考方法，只有先从自己出发，才能让孩子形成对事情的掌控感，这是孩子们从小就需要培养的思维方式。

接下来，要帮他/她分析老师这么做的原因是什么，引导孩子理解老师的做法，激发同理心。但不能当着孩子的面诋毁老师，这是搬起石头砸自己的脚。你想，一个在孩子面前尊严坍塌的老师，他/她教的内容能被孩子接纳吗？所以，这是引导孩子进行审辨式思维的好机会。

最后是教孩子接下来如何做，鼓励他/她去找老师谈一谈，经过老师的允许，拿回自己的订书机。因为老师在课堂上的行为有时只是为了维持在学生面前的尊严，学生找他/她单独沟通时老师常常会"变成一个正常人"。鼓励孩子自己去解决问题，对孩子的成长也是有帮助的。

这是对孩子的引导。之后，家长可以根据情况决定要不要找老师沟通。

如果找老师沟通，也必须放下自己的情绪和给老师贴的标签，带着尊重、谦逊的态度去沟通。可以问下老师：我听孩子说您让他/她把订书机扔垃圾桶里了，孩子回来情绪不太好，我已经跟他/她沟通过了。但孩子也描述不清，我想了解一下具体情况，看看需不需要我们再配合学校做些教育……老师遇到这样谦虚请教的家长，如果他/她确实有做得不当的地方，也会有一定的反思，并能更好地处理这件事情。好老师是夸出来的，家长的尊重和信任是他们做好教育工作的强大动力。

以上只是基于一些信息的猜想，并不是说我列举的解决方案就一定是正确的。我只是想说明，教育是复杂的，是极为复杂的，不能依据片面的信息去轻易地下结论。做教育越久，我们越不敢轻易去评判是非对错。做眼中有人的教育，是每一位教育者必须树立的原则。而这个"人"，以学生为主体（因为我们教育的对象是学生），但也涵盖了与这个学生相关的父母以及他/她背后的全部家庭成员。

老师，请给孩子多一点帮助，少一些评判

1

若干年前，我还在山西运城，带三年级，班主任兼语文老师。

有一次，看到教室内外脏乱差，我一句话没说就解决了这个问题，让教室变得干净整洁起来。彼时，我颇为自己小小的智慧而扬扬自得，转手挥就一篇小文《今天，我不说话》发在了公众号上。

我简单描述一下这篇文章的内容。

我看到脏乱差的教室，没有发火，没有批评指责学生，而是拍了一张张照片，以《哭泣的小水滴教室》为题做成PPT，在每一页照片上都配上一两句灵魂之问，如"是谁把书柜里的书乱放？""是谁踢歪了栅栏？"然后在学生安静阅读的时候，悄悄地在教室大屏上循环播放。

果然，有学生"良心发现"，第一个站起来开始整理教室，自然，后来出现了全班劳动的热烈场面。

在学生们去操场上足球课的时候，我又拍了一组照片做了一份PPT。学生们上完课回来后，看到了屏幕上的一行字：不再哭泣的小水滴教室。

待全班安静下来，PPT开始播放。一张之前的照片，一张学生们整理教室后的照片，每一张整理教室后的图片上都有一句灵魂之赞："是你！让它们重

新变得美丽！谢谢你！"

"你"字放大，标红，加粗！

啊！多么完美的一次教育活动，我一句话没说，动员全班同学做了一次大扫除！

发公众号，转朋友圈，当公众号里、朋友圈内的朋友纷纷留言表示赞赏的时候，魏智渊老师的一句评论给我泼了一盆冷水。他的大意是说，这不是最好的处理方式，甚至并不可取。

我有点蒙。

2

你理解魏智渊老师的话吗？

我确实不像很多老师一样，在遇到问题时朝学生发一通火，而是充分利用暮省，较好地暂时解决了这个问题。但我利用的是学生的道德感——看到这么乱的教室，作为其中的一员，我们怎能无动于衷？学生的道德感被激发起来，自然会采取行动。但是仅仅依赖这份道德感，并不能长久地解决问题，所以第二份PPT的最后，我写道：

> 但是！
> 孩子们！
> 做一天容易，
> 你能坚持每一天都让小水滴保持美丽吗？

当然是不能的，在我不采取进一步措施的情况下。

学生需要的是清晰的规则、分工，而不是一次次地唤醒和利用他们的道德感。所以，我最终是用两个表格实现了教室保持干净整洁的常态。

小水滴教室班级事务分工表

	周一	周二	周三	周四	周五
图书整理	鲁丹洋	王群晓	唐启云	柴熠啸	李家臣
洗黑板	关甜捷	张馨丹	杨雨涵	樊之懿	张依之
教室地面维护	赵雅欣	刘卓鑫	石睿泽	贾童舒	王家硕
毛绒玩具整理	李腾木				
水杯摆放、饮水机管理	姚紫璇				
饮用水	姚文鑫　刘子昂				
水桶换水	张昌奇　毋奕博				
倒垃圾	赵思程（红）　马德盛（绿）				
栅栏整理、擦窗台	李佳泽				
巴乌、工具箱摆放	周昱杉				
书柜、储物箱擦拭和整理	相美希				
储物柜整洁	经智淏				
活动室地面	连星皓				
鞋柜清洁	张海瑞				
鞋柜物品摆放	景爱琳				
加餐领取和发放	冯梓宁　张祎凡				
周五卫生协助	王铭锐				

小水滴教室值日安排

组别	学号	姓名	值日内容	组别	学号	姓名	值日内容	组别	学号	姓名	值日内容
第一组	1	柴熠啸	扫地（左）、摆桌	第二组	7	景爱琳	扫地（左）、摆桌	第三组	13	刘子昂	扫地（左）、摆桌
	2	樊之懿	扫地（右）、摆桌		8	李佳泽	扫地（右）、摆桌		14	鲁丹洋	扫地（右）、摆桌
	3	冯梓宁	拖地（左）		9	李家臣	拖地（左）		15	马德盛	拖地（左）
	4	关甜捷	拖地（右）		10	李腾木	拖地（右）		16	石睿泽	拖地（右）
	5	贾童舒	洗黑板、倒垃圾		11	连星皓	洗黑板、倒垃圾		17	唐启云	洗黑板、倒垃圾
	6	经智淏	整理、打扫活动室		12	刘卓鑫	整理、打扫活动室		18	王家硕	整理、打扫活动室

组别	学号	姓名	值日内容	组别	学号	姓名	值日内容	值日流程：1.两位扫地的同学先开始扫地，同时洗黑板的同学去洗手间洗抹布、洗黑板，拖地的同学去洗手间涮拖布。2.地扫完后再开始拖地，从前向后拖。此时，扫完地的同学开始摆桌子。倒垃圾的同学将用过的垃圾袋取出，换上新的垃圾袋，将旧垃圾袋扔到女生公寓楼后的垃圾箱内。3.负责活动室的同学在教室里的同学扫地时先将活动室整理整齐，待教室地扫完后用笤帚将活动室的垃圾清理一下，倒入垃圾桶。组长负责督促组员认真值日，并维护值日当天教室内的清洁。
第四组	19	王群晓	扫地（左）、摆桌	第五组	25	张昌奇	扫地（左）、摆桌	
	20	毋奕博	扫地（右）、摆桌		26	张海瑞	扫地（右）、摆桌	
	21	相美希	拖地（左）		27	张馨丹	拖地（左）	
	22	杨雨涵	拖地（右）		28	张依之	拖地（右）	
	23	姚文鑫	洗黑板、倒垃圾		29	张祎凡	洗黑板、倒垃圾	
	24	姚紫璇	整理、打扫活动室		30	赵思程	整理、打扫活动室	

3

写《今天，我不说话》的时候，我已经是一位有18年教龄的经验丰富的老师了。能采取这样的方式，当然也得益于已经在南明教育团队中有了一年的浸养。更年轻的时候，我像现在很多年轻老师一样，对学生更多的是指责和评判。

早读，学生秩序乱，我会发一通脾气："咋那么多话呢？课文都读会了？让你们自己练习，你们练的是个啥？！"

学生一个个噤若寒蝉，默默忍受着"狂风暴雨"。

"雨"势稍歇，赶紧哇啦哇啦地读起书来。

类似的场景，一年又一年，重复上演。

不仅如此，我也曾说过这样的话：

"下学期我就跟学校申请不教你们了！"

"老师这么忙，为你们辛苦付出了这么多，你们还这样表现，太让老师失望了！"

……

这样的话，一句一句，都不仅仅是老师情绪的发泄，而是一种责任的推卸。

学生早读秩序不好，你是否全程跟踪、巡视指导？如果你是在讲台上组织学生一起读书——

"好，现在请翻到16课，我们先齐读一遍课文——"

"请女生背诵一下第二自然段——"

学生在这样有序的组织下进行早读，秩序会太差吗？你自己在教室里忙着其他的事，甚至在看手机，让学生自己去读课文或进行早间的其他室内活动，等你忙完你的事了，发现秩序很乱，这到底是你的责任还是学生的责任？你培养起学生自律的习惯了吗？尤其在小学低年级，老师不组织依然能够秩序井然的班级有几个？

你们班成绩没考好，你对着学生一通指责，不惜动用挖苦、讽刺等各种手段，你指望用这种方式让他们从此以后发愤图强吗？

这种言语只会让学生产生更多的内疚感、负罪感，产生"我不如人""我们班不如其他班""我（我们）对不起老师"的低级的自我评价，长此以往，挫伤的是学生的自尊心，是班集体的凝聚力和积极向上感。在这样的评价之下，学生只会越来越被动、消极，丧失前进的动力。

4

所以，老师，请和学生站在一起，做他们的帮助者，而不是高高在上、颐指气使地对他们进行指责和评判。

面对学生的问题，要把"思考问题背后的原因"作为一种自动化的习惯。如果是全班性的问题（如某节课或某个活动秩序很差、考试成绩不理想），要复盘自己的工作安排、工作流程，是否有疏漏和不合理的地方；如果是个别学生的问题，要深入了解问题背后的原因，而不是一有问题就想当然地自己在头脑中推理出一套逻辑自洽、铁板钉钉的事实——你的事实往往是偏见。

学生以前学过的东西忘记了，一个两个学生背不出来，三个四个学生背不出来，你甚至也记不准了，没关系，我们一起来找出原文，想办法怎样能更快地记住它，而不是居高临下地指责："你看，我们学过的东西你们都忘了，昨天还让你们复习了，你们为啥还不会？"

学生年龄小，可能一下课又开心地玩去了，但这些负面评价在很多学生的心里并没有消失，它们一点点累积起来，足以浇灭他们心中学习的热情，暗淡他们眼里那抹求知的光。

5

老师不能"发火"吗?

当然可以。但是要建立在"自己已经做了该做的事"的前提下。站队时,老师在组织大家好好站队,后面有几个学生不停地说话、打闹,这时,要批评,要让他们迅速安静下来。

午休时,老师顶着困意在教室里巡视,有几个调皮的学生不好好睡觉,一会儿扔枕头,一会儿拽别人的被角……这时,要批评,要用严厉的语气和眼神制止,否则影响整体午休秩序。

但你发现了吗?这些批评都是针对具体的人、具体的事的。它不是老师负面情绪的发泄,不是推卸责任的评判和指责,所以学生不会因为老师的批评受到伤害,不会产生道德上的负疚感——他/她能清晰地感觉到自己的不对,而不是在群体中反省自己:我(我们)是不是做得太差劲了让老师生气了?

"对灵魂无限爱护,对错误零度宽容。"我们需要用干国祥老师的这句话时常对照自身,用专业的力量让它成为我们自动化思考的能力。

作为一名老师，只有课下非常努力，面对学生时才能显得毫不费力

一个成熟的老师，懂得在"备课"上下功夫，唯有如此，教育才能形成良性循环。

没有经过充分准备的课堂，往往充斥着低效率。而低效率的课堂，会让自己在上课时产生负面情绪，这种负面情绪又会让课堂产生纪律问题，严重的，甚至与学生产生冲突。这时候，我们会抱怨学生不听话，不知道学习，但是反观自身——在进入课堂之前，你是否已经做好了充分的授课准备和情绪准备？

因课堂低效而产生纪律问题，课下就要处理纪律问题，也会给自己带来挫败感。除此之外，如果是语、数、英等智力学科，低效的课堂也会更明显地带来负面效应。比如，本可以在课堂上学会的知识、完成的任务，因为课堂的低效，只得通过多留作业、追作业等方式来确保教学任务的完成，而课下作业量大等，又牵连出一系列问题：老师没时间充分地辅导学生，家长辅导作业鸡飞狗跳，学生在各种压力下丧失学习的兴趣……这会导致恶性循环。

反之，如果在课堂之外，老师下足功夫把课备好，课堂上高效地完成教学任务，教师首先会有自我成就感、满足感，情绪愉悦，学生也学得好，课下就能有更多时间去做其他有意义的事。学生在学校尽量多地完成了学习任务，回家之后不用做太多作业，母慈子孝，其乐融融，又形成了良好的亲子关系。此

谓良性循环。

所以，作为一名教师，打造高效的课堂应是整个职业生涯的不懈追求。而高效课堂唯有精心备课才能达成，尤其对于新老师。但教无止境，目前看来，哪怕是教龄十几年的老教师，也需要不断学习才能进步，才能靠近高效。

说到这里，想起自己的一段亲身经历。几年前带三年级时，我总觉得晨诵、整本书共读等儿童课程更能让师生处于一种兴奋之中，而语文课因为教学内容的原因常常显得平平淡淡，有了儿童课程的对比，学生好像不太喜欢语文课，我自己上着也没劲。当时恰好教研时大家提到三年级起开始使用"预习单"的重要性，我就精心设计每一课的预习单，从怎样提出读课文的要求，到如何设计题目能更好地落实字词的预习，到核心预习该怎样设置问题，到一篇课文如何与学生的生命相关联……一个人静静地投入到预习单的设计、排版中，再根据自己的设想去设计上课要用的PPT。作为一个已经有近二十年教龄的老教师，做这些也常常要花上两三个小时的时间。但是带着精心设计的预习单和PPT去上课，学生的学习效率就会大大提升。课堂上，他们都投入在老师为他们设计的、能使他们有兴趣去认真做的预习单里，纪律问题迎刃而解。因为有了充分的预习，老师课堂上要讲的东西就变得少而精。少讲，讲透，讲完就练，老师省力，学生收获也大。

如果没有这样的准备，上课老师累死累活地讲，学生松松散散地听，老师还得时不时地"狮吼"几声维持纪律，课下还得付出大量时间弥补课堂没完成的任务……累呀。

当然，不是做了足够充分的准备就能保证所有学生都能在课堂上学好，也不是信心满满地进入课堂就一定能达到预期的授课效果，因为对于很多老师来说，由于教育的复杂性，哪怕是做了精心的备课，遇到"天时地利人和"，能让自己从讲台上走下来时感觉如沐春风的课堂还是可遇不可求。适量的作业也会在部分学生那里变成量大的作业。但是精心备课，确实会大大提高上好课的概率,自己的教学水平也会在一次次的"精心"中不断提高,最终实现在讲台上的自由感,从心所欲不逾矩。

对自我要求太高的孩子，同样需要帮助

吃午饭的时候，J老师说，小翔（化名）又崩溃了，一直在哭，最后一节课控制不住情绪，哭得很大声，课都上不下去，怎么都劝不住。为了他，真是使尽了办法，还是收效甚微。J老师说着眼圈都红了，往日在小翔身上付出的种种努力可能一下子在她脑海里都涌了上来。她实在没办法了，所以开口向我求助。

上一次教师共读，我们读到"要让孩子形成优秀者的自我镜像"时，老师拿出了小翔这个"反例"——对自我要求太高了，自己必须是"优秀者"，如果不是就情绪失控。怎么办？

从老师的描述中，确实感觉到他的自我要求非常高，尤其是学习成绩方面：做试卷一定要做好，做不好就要求老师给他一张试卷重新做；考试一定要考好，成绩稍不如意就崩溃……跟家长也沟通过，家长也没有太好的办法。老师和家长都不太明白，这孩子为什么这么看重自己的成绩？

我问现在孩子在哪儿，J老师说在大厅哭。

我放下碗筷，走过去，看到在圆桌旁坐着的小翔，他眼眶是湿的，满脸悲伤的表情。

我蹲下身去，问："怎么了？"

他嘴角向下一撇，泪珠子就掉了下来，胸膛开始一起一伏，眼看又要大哭

的样子。

我握紧他的两臂说:"你先尽量平静一下,等我一会儿,我洗了碗就过来,咱俩聊聊好吗?"

他挂着泪,点了点头。

我返身回到餐厅,J老师正在给其他老师讲小翔的情况:昨天做试卷,他看别人做得快,自己就非常着急,急哭的那种急。老师安抚了一下,让他坚持把试卷做完了。昨天改试卷时,他的分数不太高,老师就预感到今天他看到成绩肯定会伤心。果不其然,最后一节课讲评试卷时,他因为自己没考好而号啕大哭……

洗过碗,我再次走到小翔身边:"我的手是湿的,你自己起来跟着我好吗?"

他听话地起身。走到我办公室门口,他又停住脚步,似乎有点怯。我拿门口的毛巾擦了擦手,拉着他进来,让他坐到了我对面的椅子上,开始跟他聊。

1

"你们班昨天是谁过生日来着?还给我送了块蛋糕呢!是——"我装作一副思考的样子,其实学生名字就在我嘴边,但我要找个话题开局,让他能放松一些,跟我聊起来,而且最好是与他无关的话题。

"是WYG。"他说。

"哦,对,她过的是八岁生日吧!你的八岁生日过了吗?"

"过了。"他想了几秒后回答。

"哦,那你是个八岁多的男子汉了,"我看着他的表情,还算平静,"你能告诉我你现在的心情是怎样的吗?"

"伤心。"说出这两个字,他的嘴角又向下撇了撇。

"为什么？能告诉我原因吗？"

"因为我没有考好。"他脸上的伤心又浓了一些。

"你特别希望自己考好对不对？"

"嗯。"他点点头。

"只要考得不太好你就会特别难过，是不是？"

"是的，只要考到 97 分以下，我就——"他说不下去了，眼泪终于涌出了眼眶。

我抽了一张纸巾给他。他接过去，两只手紧紧攥着纸巾的两端，并没有擦眼泪。

让孩子顺着自己的问题说出"是"，他会感到被理解，是有助于缓解他的情绪的。

2

"你认识 HTY 吗？"我问。

"不认识。"他摇了摇头。

"他是我儿子，在一年级 ×× 教室。我觉得他跟你特别像！我给你讲讲吧？"

他眼里的泪止住了，眼神中有一分好奇。

"他像你一样，是个对自己要求很高的孩子，做作业的时候总想做好，如果题做错了，就会说：'为什么我又做错了！我怎么总是错！我是个学渣吗？'如果作业稍多一点，他就哭：'为什么作业这么多？！我什么时候才能写完呀！我肯定写不完，明天老师肯定会批评我的！'他写作业时看着时间，会急得跺脚——'为什么时间过得这么快？！让时间停下来好不好？'

"前几天，老师发了两张试卷，他又大哭，说作业太多了，根本不可能写完！刚开始的时候我还劝他，可是怎么都劝不了，他一直哭，最后我也开始跟他一起哭，他看我哭了他就不哭了，结果十几分钟就把作业写完了，写完后就非常高兴，说作业没自己想象中多。

"他和你一样，是一个对自己要求非常高的孩子，总是想把事情做到最好。昨天晚上我让他帮我把衣架挂到晾衣架上，你知道他是怎么挂的吗？"

我打开手机相册让他看："你看，他把一样的衣架都挂到了一根晾衣架上，而且衣钩都朝着同一个方向。另一类衣架挂到了另一根晾衣架上，从一头开始挂，也是衣钩朝着同一个方向，同色的衣架还挂到了一起，是不是非常整齐？"

小翔忽闪了一下眼睛，点点头。

"所以啊，我觉得你跟我儿子特别像，你们对自己要求都非常高，希望自己是个很优秀的孩子，对不对？"

他眼眶一热，泪水又滚下来，点了点头："嗯。"

再次看到他的眼泪，我知道他在这个故事中看到了自己，产生了认同感。有时候，我们需要借助故事的力量，让孩子在安全感中自我代入。

至此，我跟他的关系初步建立。接下来，开始分析问题。

3

"你们对自己要求高，我和老师们都觉得是一件特别好的事。但是如果这种要求太高，给自己造成了伤害，就需要调整一下自己。

"你现在是对自己的成绩太看重了，但成绩其实没有你想的那么重要。一个人是不是优秀，并不是以成绩作为唯一的评价标准。有些拿世界冠军的运动员，他们上一、二年级的时候有的还考六七十分呢，但是学习成绩并不影响他们成为优秀的人。因为他们有其他特长呀，他们在另一方面优秀呀！你看咱们学校开了这么多的课程，轮滑课、舞蹈课、器乐课、美术课……我们希望孩子们能够全面发展。"

他看着我，听得很认真。

"HTY比你小一岁多，有很多话他听不懂，但是我知道你能听懂。我们希望每个孩子都能考好成绩，但考好成绩不是评价一个孩子是否优秀的唯一标准。

"我女儿刚刚上大学，前几天放假了，她回来后跟我聊，说：'妈，我们班里很多同学每天啥都不干，就是躺在床上看抖音、玩游戏，到吃饭的时候点外卖，连门都不出，我觉得他们完全在荒废时光。'你知道这些上大学的哥哥姐姐为什么会变成这个样子吗？因为他们上学的时候眼里就只有成绩，只想考个好大学，等上了大学，就觉得劲都用完了，就不想学习了。我女儿小时候成绩也不好，一年级的时候两门学科加起来才考了80多分（编的）。但是她一直在努力啊，一点一点地追赶，成绩越来越好，最后考上了一个好大学。上大学后她继续努力，还加入了学校的广播站，成了播音员，我给你听听她的录音吧？"

小翔点点头。我打开手机，从视频号里找出了女儿第一次广播的录音，让他听了听。

"但是原来比她学习好的同学上了大学反而不努力了，你说他们能成为优秀的人吗？学习是一个马拉松长跑，不是百米冲刺。如果只是一个百米赛，那么'砰——'，从裁判枪响的那一刻起，你就得拼尽全力向前跑，一秒都不能耽搁。但是一个学生，要从小学一年级开始，上到二年级，三年级，四年级……七年级，八年级……一直到大学，上了大学之后有的学生还要考研究生，考博士生。如果刚上小学就把所有的劲都使完了，后面就没有力气了，怎么去拼呢？所以你现在只需要尽力去学就行了，努力了就好。不要太看重成绩，明白吗？"

我说着、比画着，尽量让自己讲得生动一些，毕竟我面对是一个八九岁的孩子。哪怕有一些地方稍稍高于他的理解力，我觉得问题也不大，反而增加了我说话的可信度。

4

进行完上面的谈话，最后一步当然是要教给他面对问题的方法。

"我知道你下次遇到比较难的试卷或者成绩没考好的时候，还是会很难过，还是会想哭，"我刚说完他的泪立刻就又涌上来了，"这个时候，我希望你能尽量控制自己。我知道有时候你也想控制，但是控制不了。那你跟老师说一下，可以找个地方先自己冷静，不要影响到其他同学上课好吗？"

他抿着嘴，点了点头。

"每个人的心里都会有两个小人，"我举着两个拳头说，"一个是小黑人，一个是小白人，在遇到问题的时候，两个小人会'打架'。比如，你一个人在教室里的时候，看到一个同学的桌子上放着一块超级好吃的巧克力，小黑人想：太好吃了，反正没人看见，我要吃了它。小白人说：不行，如果我吃了它，我就不是好孩子了。这时候，小黑人和小白人就开始打架了。如果小黑人打败了小白人会怎样？"

"他就把巧克力吃了。"

"对，那如果小白人打败了小黑人呢？"

"他就不吃这块巧克力。"

"是的，如果小白人经常战胜小黑人，小白人就会变得越来越强壮！他们两个人打架的次数就会越来越少，这个人就会变成一个非常优秀的人。

"你现在也要努力让你心里的小白人打败小黑人。当你遇到问题的时候，先鼓励小白人打败小黑人，如果打败不了，你就来我办公室找我，大部分时间我都在，我可以跟你聊聊；如果我不在，你也可以在这里坐一会儿，冷静一下，如果能冷静下来你再回教室，可以吗？"

"嗯！"他的情绪完全平静下来，声音中可以听出一丝坚定。

"好，那咱俩握个手吧？"我向他伸出了手。他也把手向我伸过来，肉乎乎的、暖暖的小手。

互道再见，他回教室去了。

5

这场谈话，我几乎是凭着本能进行的。在整个谈话的过程中，我也一直在观察小翔，根据他的反应来找合适的话题，至少在他离开我办公室时，我感觉到谈话对他是有用的。回顾整个谈话过程，大概可以分为以上四个环节，就不惜赘言，把它记录下来了。

做校长后，我很少找学生谈话。因为老师们都很优秀，他们因材施教，对学生的关注和关爱自然能使他们找到合适的教育方法来解决一个个个性不同的学生的问题，除非是像小翔这样有非常特殊情况的学生才会需要我沟通。印象中，这是我第三次直接跟学生谈话，前两次，也收到了很好的效果。上一个跟我谈话的学生，每次见到我，脸上都挂着微笑，眼睛里有光。

老师要尽量充分关注到每个学生，尊重他们的个性，真正为每一个学生负责，为他们的成长服务，着眼于学生的未来，确保通过科学的教学方法让学生在自己能力范围内尽量取得好成绩，但不只关注成绩，更关注学生身心的全面发展。

让孩子成为一个幸福的平凡人，
应该成为教育的底线

周末清晨，将起未起。

想起频繁出现在各公众号上的热播综艺节目《乘风破浪的姐姐》，便在爱奇艺上搜了一下。芒果（湖南卫视）专利，爱奇艺上只能试看五分钟。既然可以试看，那就试试。

开场语中，捕捉到一句话："成功的反义词不是失败，不是暂停，而是甘于平庸。"咀嚼了一会儿，就像数年前咀嚼"爱的反面不是恨，而是冷漠"一样。

这样火爆的节目，这样由一群至少曾经辉煌过的明星组成嘉宾阵容的节目，竟然用了这么一句话，让我多少有点意外。

她们平庸吗？

表面上看，当然是不平庸的。没有明星的光环，怎么会被节目组请来，节目怎么能一播出就火爆？"明星"与"平庸"两个字，似乎是最搭不上边的。

她们不平庸吗？

不，她们平庸。她们一样难逃普通人的七情六欲、生老病死。无论光环多么璀璨，她们也同样需承受人的宿命，孤独、落寞、失恋、失败、焦虑……需要为事业打拼，为养儿育女烦恼。

不，用"平庸"两个字形容这样一群看似还精力充沛、才华横溢的姐姐们，似乎不太恰当。正是因为成功的反义词是"甘于平庸",所以才有了这不甘平庸的节目,和参与节目的不甘平庸的姐姐们。

然而,人可以挣脱平庸,却难以逃掉平凡。

在某次给即将上一年级的孩子的家长做的讲座中,我提到了曾读过的一篇文章,文章主要表达的是:人的一生,要三次接受平凡。

第一次,是接受父母的平凡。

第二次,是接受自己的平凡。

第三次,是接受儿女的平凡。

这三个平凡让我深刻共鸣,对号入座。

不记得是几岁的时候,应该是十岁左右吧。有一次,在人群中,看到妈妈,我忽然就转换成了一个"路人"的目光去看她,突然感觉妈妈是个很普通的人啊!

但是之前,她一直是我的妈妈("妈妈"要重读),我的妈妈("我的"要重读)。与生俱来,她在我眼中就是"妈妈"这样一个亲密而重要的角色,她与世界上所有的其他妈妈都不同。我没有想过妈妈漂不漂亮、温不温柔,似乎妈妈就是这个样子,就应该是这个样子。

直到那一刻,我发现她的平凡。

小学二、三年级时,《西游记》热播。神仙、长生不老等概念,不知怎么就植入了我的心里。村子里有人办葬礼,我除了觉得踩到白色的纸钱不吉利,没有其他太多想法,似乎"死亡"是与我无关的事。我一定会像神仙一样长生不老,永远不会死去。

直到九岁那年,在小城喧闹的农贸市场里,在过街天桥上,在看到一个长长的送葬队伍的那一瞬间,我忽然意识到我不是神仙,总有一天,我也会死的。

晴天霹雳!

从此,死亡的阴影伴我二十余年,如影随形。

尽管如此,我依然对未来抱持着"成功"的期望,相信自己一定不会平凡,一定会与众不同。虽然我对"成功"的定义也一直在改变,但从未甘于平凡(平庸)。

中学时,流行笔名,就像现在的网络昵称一样。"孤浪",是我给自己取的笔名。"孤浪"是一份属于青春的孤独和梦想:渴望流浪,渴望突破"求学、毕业、结婚、生子、工作、老去"的命运。

可惜孑然一身时,我未能"流浪",反而在完成家庭的重要责任后,在即将步入中年时,带着小小的儿子,开始了"流浪"生涯。有时想想,"修身齐家治国平天下",这个顺序也有一定道理吧?

临近中年的这种出走,背后仍然有不甘平凡的意味。直到2020年春节时,看到94岁高龄的外公,如一片耗尽最后一点生命力的叶子从高高的生命树上凋落,我才彻底接受自己的平凡。我不再梦想做出一番惊小天动小地的事业,而是怀着爱、责任、担当,做好当下的事就好。

每一个孩子出生时,都是一张充满无限可能性的白纸。每一对父母面对孩子稚嫩的小脸、清澈的眼神时,都会想象他/她将来会有多么了不起!也鼓足了劲要把他/她培养成人中龙凤。

对绝大多数父母来说,养育子女的过程,就是逐步接受他/她是一个平凡人的过程。他/她并不像你想象的那样每次考试都名列前茅,他/她没有在小升初、中考中胜出,他/她没有考上你理想的大学……终于,你不再希望他/她出人头地,而是希望他/她能做个幸福的平凡人。

让孩子成为一个幸福的平凡人,应该成为教育的底线。

有一天,一位在大学任职的家长打电话给我说,她要完成一份报告,需要做一个调查,希望我们能给予些支持。她希望我们在每个年级,尽量选学习成绩等级比较分明的孩子,问他们一个问题:"你爱学习吗?"

如果回答"爱",问一下为什么;如果回答"不爱",也同样问一下为什么。

在我们的设想中，那些学业成绩暂时落后的孩子，一定会回答"不爱"吧？！

几十分钟后，瑞琪老师把采访录音发给我。一个个点开听完之后，我鼻子一酸，差点落下泪来。

无一例外地，每一个接受采访的孩子都回答"爱学习"。我相信，他们的回答是发自内心的。

"我觉得学习很有趣。"

"学习可以让我长大后过得更好。"

"学习可以让我学到很多知识，可以考上大学。"

"学习有点难，但是它非常好玩。"

"我现在很爱学习，觉得学习很有成就感。"

"我爱学习，因为老师教的都是玩中带学。"

"我爱学习，因为学习会让我感到快乐。"

"我爱学习，因为当我学会一个知识之后，我可以去帮助那些没有学会的同学，帮助之后我会很有成就感。"

……

学习是孩子的天性，是一件应该盛满很多快乐的事。小学阶段，保护孩子对学习的兴趣，培养他们良好的学习习惯，是比考出更好的学习成绩更重要的事。

教育，应帮助孩子如其所是地绽放。

不为他/她的未来设限，不必非要把有能力不平凡的他/她培养成一个平凡人，但让更多注定平凡的孩子拥有幸福的能力，应该是教育的底线。

放学后，一个早上从后面抱住我的长腿姑娘，掰了一小块红糖馒头（下午的加点）塞到我的嘴里；一个黏人的小妞搂着我，脸在我身上蹭了又蹭；一个眼睛大大的少年，依然用他习惯的问候方式，恭恭敬敬地弯下腰，说"校长好"，我也像以往一样回礼，说"你好"；一张张小脸笑着跟我道别。

夕阳淡淡的光笼罩着，我想起他们每天清晨进校园时的身影，从校车上下来雀跃着飞进校园的快乐，好朋友牵着手，一起向我和值班老师说"早上好"的情景，那一刻，我感觉到教育的无比美好。

某天早上吃饭时，跟几位老师聊起，我们做着辛苦又美好的教育，守护着一百多个孩子，为了他们的成长，深度卷入课程，关注他们的每一点变化和进步，抱持希望，欣赏或等待他们开花的时刻。这小小的校园，像一方净土，像一个世外桃源。

那么，孩子们呢？我想，他们从这个校园里走出时，老师的爱、课程的丰富和深邃、小学生活的美好，已经为他们蓄积了很多力量，他们应该拥有了获得更多幸福的能力。

爱孩子从来不是一件简单的事

上午想起一件事，需及时记录下来，翻开笔记本时，恰好翻到了一页，目光驻留了一下，然后就被紧紧地攫住了！

  如何把纪律带给孩子？为了让孩子更好地适应社会而培养其纪律，这就是父性之爱。如果父母和老师不明白纪律对于一个生命的极端重要性，只强调或偏重母性之爱，那么"溺爱"以及由此带来的或"懦弱"或"骄横"就很难避免。对教育者而言，难的并非母性之爱，而是如何不伤害生命地施与父性之爱。

  只有以母性之爱为根基，以孩子的自由为宗旨的纪律教育，才是好的父性之爱。施行父性之爱，奖惩是必不可少的，人类道德规则无法完全逾越生物性因素。但是，"我要做个好人"以及"一个好人应/不应做××"必须始终凌驾于奖惩之上。过早地用道德发展的最高阶段进行日常教育，并不利于纪律的形成。

不记得是什么时候潦草地抄上去的，也不记得是从哪里抄来的，当然也不记得原创者是谁（应该是从魏智渊老师的某篇文章里摘取的），但今天再读，却深刻地理解了，共鸣了。

南明教育强调对学生的爱，因为我们招聘的重要标准之一就是"热爱孩子"。但是怎样爱？不是大量的母性之爱，因为这对于一位老师来说，往往显得容易，我们只需要温和地对待学生，哪怕内心已被"熊孩子"气得"五脏俱裂"，也可在学生面前使劲摆出一副笑脸，或干脆不管不问，以给学生自由的名义不作为。这样，不会给自己惹事——不批评，不惩戒，学生乐，家长跟着一起乐，你好我好大家好，多好！

然而这是真正的"母性之爱"吗？当然不是，这恰恰是对生命的不负责。

拥有真正的母性之爱其实很难。爱孩子（这里主要指学生），对每一个生命心存敬畏，不是技巧，不是通过培训和练习可以学来的，而是通过哲学层面的领悟、心理学层面的研修，持续不断地提高自己的素养和认知来获得的。或是自己的生命经历了一些重要事件，比如做了妈妈或爸爸，有了自己的孩子，会"幼吾幼以及人之幼"，从而获得对每一个生命的珍视和敬畏感（是的，母亲爱自己孩子的那种爱就是"极致的母性之爱"）。爱孩子，甚至是基因里携带的，有的人天生就愿意亲近孩子，爱幼小的生命像出自自我的本能，这类人天生具备当好老师的潜质。

明显，真正爱孩子（学生）、对生命存在敬畏感的老师并不多。但这并不影响很多人成为一个拥有爱的好老师。因为好老师的内心善良、柔软，他/她爱护弱小，容易被美好打动，哪怕他/她没有接触过哲学或心理学，没有做父母，他/她也能爱护孩子的心灵，并努力提供给孩子尽量多的帮助。

但是，仅有母性之爱，对学生的成长来说，是远远不够的。在教育中，尤其越到高段，学生更加需要的则是父性之爱。这时，母性之爱成为教育的"背景"，成为父性之爱的前提，这为教师在执行父性之爱时提供了"不伤害生命"的保障。

父性之爱更强调规则，强调纪律，强调分寸感。仅有苛刻的要求和生硬的规则不是真正的父性之爱，"只有以母性之爱为根基，以孩子的自由为宗旨的纪律教育，才是好的父性之爱"，所以，"规则、纪律"是"看山不是山，看水不是水"，是由母性之爱的"自然"到一个生命自我实现的"自由"之间的一座桥梁、一根拐杖。因为真正的自由需建立在自律的基础上，而自律的前一个阶段必然经过他律，他律即我们给予学生的必须遵守的"规则"。

文中最开始引用的那段话的后面又说道："施行父性之爱，奖惩是必不可少的，人类道德规则无法完全逾越生物性因素。"这句话需要借用南明教育的"道德人格图谱"来理解。

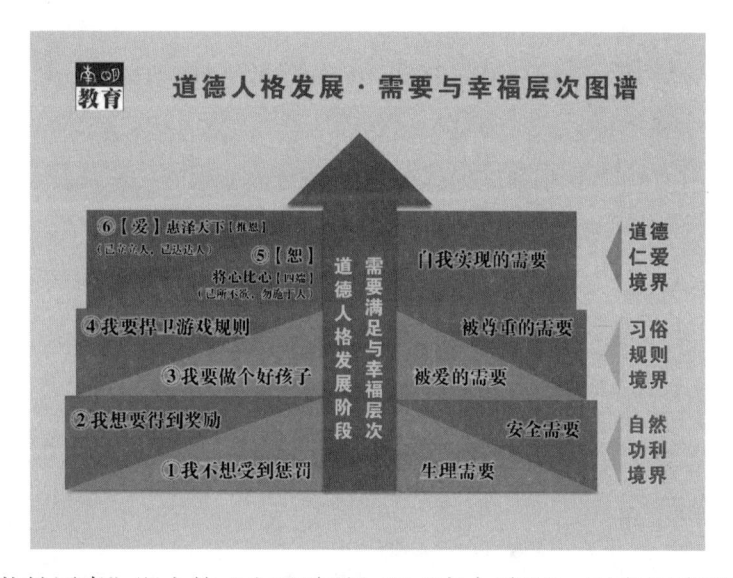

"生物性因素"即人的"生理需要"和"安全需要"，对应的道德发展阶段是"我不想受到惩罚"和"我想要得到奖励"，即"奖惩"。如果说"他律"是达到自律的过程中的一个拐杖，那么"奖惩"则是他律的方法和手段，在低龄儿童身上尤其适用。伴随着孩子身心的发展，"奖惩"的比重也随之降低，尤其是"惩"的比重，它主要用于捍卫底线的规则，而"奖励"（包含的内容很丰富，物质奖励、精神奖励、庆典，等等）占据主要地位。当孩子内在的力量感、自尊心建立起来之后，"奖励"对很多孩子来说就成了"额外的奖赏"，毕竟，道德发展的更高阶段往往同时包含着已经超越的诸阶段。即我仍然愿意得到奖励，但我不是为了得到这份奖励而去做这件事。

所以，没有惩戒的教育是不健康的，没有爱的教育是极为可怕的。仅有母性之爱的包容和接纳，是对生命的浪费，因为人生太短，人们没有足够的时间去自由生长，摸索寻觅自己的兴趣和天命；仅有父性之爱的规则及惩戒，是对生命的摧残，拔苗助长以及填鸭似的教育，扭曲或禁锢人的灵魂。只有在母性之爱的基础上给予规则和引领，人才可以最大可能地如其所是地生长，成为一个自我实现着的自由人。其中的分寸感，需要每一位教育者在教育实践中体会和把握。

第三辑

以理解为重心，
让教学走向扎实有效

从 19 岁踏上讲台开始，我几乎是在公开课的舞台上成长起来的。但是我一直拒绝表演式的公开课，追求设计巧妙、高效的扎扎实实的课堂教学。这几年，我越发觉得，无论是教学方法还是文本解读，都要回归本质，回到事物的底层逻辑。

有思考地教教材，适当使用PPT

1

初做老师的时候，唯教材是尊。

所谓认真备课，就是看看教参，结合着教参上的各项建议，用不同颜色的笔把每一篇课文都标注成一副"认真"的模样：曲线、直线、三角符号、重点符号……热热闹闹的。课堂上要让学生写在书上的笔记，我定然是先于他们写在自己的教材上的，无论是生字注音、组词，还是重点句段的批注。比他们多的，还有作为老师要讲的内容。

备完课后瞅一眼，密密麻麻，把自己感动得不行——啊！我真是一个好老师！

现在知道，这种行为充其量不过是个认真的老师，而已。然而，如果不学习不反思，一辈子都停留在这个阶段，那么，就可以在脑门上贴一个标签——教书匠。

2

我对"教书匠"并无歧视之意。相反，对"匠"字总有一种敬畏，尤其是它与"心"字站在一起的时候。"匠心"意味着一颗精益求精之心，它本身就蕴含了永无止境的追求，终身学习、终身成长的态度。

但教师不能只是"匠"，只在原地认真地打转，而应该成为一个怀着"匠心"做教育的人：通过不断学习打开眼界，反思自己的教学，逐步理解学科的本质，淬炼教学技艺。

有幸，我是个爱反思的人。

所以，后来我明白了以下道理：

1. 教材无非是个例子，是个教学工具。教师要通过"教材"这个工具，教会学生知识，使他们掌握学习的技能，提升他们本学科的素养。

拿语文学科来讲，低年级教字词、教朗读，中年级教句段篇，高年级赏析经典，学生在这个过程中习得听说读写和审辨式思维等能力，形成语文素养。这些能力或素养的形成一部分是通过教材来完成的，但如果只聚焦于教材，把学会教材上的知识作为目的，作为语文教学的全部，那就把语文狭隘成了十几本教材。

工具就是工具，不是目的。

2. 教参的"参"，是"参考"的意思。对老师来说，每本教材都配有相应的教参，即教学参考。但很多老师往往把"教学参考"当作圣旨。教参上怎么写的，所以这节课就应该怎么教。确实，很多年，我也把教参奉为"纲领"级书目，用它来决定自己的教学。拿到一篇新课文，首要之事不是读课文，而是读教参。重点内容一一画出来——哦，这一点要这么讲，这一点是这个意思，这一点这样处理……看完教参了，再去看课文，这时候，头脑里已经没有自己的思想，而是被教参先入为主地占据了。

还没完，遇到课后题，不是自己思考应该怎么答，而是去教参上找答案。当然，为了避开上课时拿着教参给学生念答案这个行为对师者尊严的损害，就事先把教参上的答案抄在教材上，课堂上在学生答不到点上的时候，"轻而易举"地把"标准答案"说出来，好像这样就能显示我不愧是老师一样。

然而，如果学生也人手一本教参呢？是不是老师就可以不讲了？

唉，回想起来，还真有把教参给学生的老师，让学生照着教参上的内容把答案抄给其他学生。

真是为师者的耻辱。

后来细思之下，极恐之感油然而生——教参，教学参考！既然是参考，为什么会被它牵绊多年，把自己作为老师、作为一个能思考的人的主体性拱手让出？！

当然，教参的编写者都是国内一流的各学科领域的专家，他们的认知、对课程标准的理解、信息源，甚至包括教学技能都比一般老师要强得多。但他们也是人，也会有自己的局限，况且，教学是一件多么复杂的事啊！教师自身的性格特点、思维习惯、擅长的教学方法，以及学生的现有水平、认知能力甚至包括一个班级人数的多少，都对教学这个行为是一种规定和挑战。不结合实际，只听命于教参，必然与实际脱节，教出不会思考、只会应付考试的思维僵化的学生。

3

我知道，以我的水平，远到不了扔开教材和教参，在教学领域游刃有余之境。我想强调的不过是两点：教材和教参都是工具。后者是教师教学的工具，前者除教师教学外，也是学生学习的工具。

而随着科技的发展，时代的进步，有一种新的事物在不断侵犯老师的主体地位。

没错，就是PPT。

从我1999年年初被正式分配工作开始，PPT逐渐成为老师上优质课的必备工具。想当年，我的第一张优质课荣誉证书就是"计算机优质课一等奖"，那是我刚参加工作的第一学期，学校刚配备了一批电脑开了微机课，我作为微机老师，上了一节优质课，内容是教"复制、剪切、粘贴"，在县城几位微机老师中脱颖而出，一举夺冠。那节课，我当然使用了PPT。

后来，多媒体逐渐普及，以它展示内容的丰富性、操作的便捷性逐渐取代了传统教具。二十年间，它已成为城市和乡村学校每间教室的标配。

为了方便老师们上课，各类媒体、各教育机构开始开发与教材配套的PPT，涵盖多个学科。而作为使用"全人之美"课程的学校，很多老师更是把PPT视为珍宝，觉得它"专业""权威"。自己的课上不好，一定是自己的问题，而不是PPT的问题。

我相当能理解老师们的想法。毕竟，"全人之美"课程那么棒，而作为课程资源的PPT就是肉眼可见的"全人之美"课程，那可都是在专家们的指导下，甚至是专家直接上手开发的呀！可不敢乱动！

于是，"教PPT"就成为一种普遍现象——走过几所使用"全人之美"课程的学校，都是如此。

晨诵课上，老师一页一页出示着PPT，但并没有深入研究设计者的设计意图。一页PPT，本来可以用来完成"教师范读"和"学生自读"两个环节，但很多老师只用一次——范读完，翻页了，下页就开始一句一句出示，进入精确环节了，教学也随之进入此环节。缺乏"自读"练习，学生就相当于穿上轮滑鞋还不会平滑，就开始花样轮滑了。一节课下来，效果可想而知。

有的PPT中，同样的内容，不同的配图，连着几页。老师也不明白为什么这样设计，只能一页一页翻下去、读下去。而也许，一页就够了。至于为什么设计了几张，也许设计者有自己独特的想法吧，但执教者未必都揣摩得透。

还有一些学科教学的PPT，一个课时的内容设计了六七十页，重要的不重要的全往上堆。学生一节课学到底，大部分时间都跟着老师读PPT了。本该思考的时间，直接由PPT"告诉"学生了，这样流水账地翻过去，什么交集点，什么最近发展区，上哪儿体现去？！

这样的课把我听迷糊了——教学内容这么复杂吗？

拿起教材一看，清晰得很呀！就那几个板块，教就完了！怎么做出那么多页PPT来？目标定位是啥？是否清晰可行？"双减"时代，必须提高课堂效率！提高课堂效率的有效方法之一就是明确教学目标，所有教学环节精准地指向教学目标的完成！可冗杂的PPT像个拖油瓶，让课堂灌满了内容却难以被学生吸收。

急的时候，恨不得一刀切——课堂上不准使用PPT！

不使用PPT真不见得不能把课上好。一首小诗，只是拿着《晨诵课》素读、素上，照样可以上出美来。我并不是否定"全人之美"课程的资源，其中大量资源是非常棒的！那些精美的晨诵课件自不必说，读写绘的、整本书共读的……单看看PPT就是一种深度学习的过程，往往一两页PPT就能点醒梦中人！

所以，PPT可用，但绝不能被它牵着鼻子走，而要在自己理解、消化、吸收的基础上合理使用。

我初入团队时，因为晨诵没有教材，PPT确实起了很大作用，但每一首诗，必须自己细致摸索，或理解设计意图，或把不合自己教学要求的内容动手进行修改，让它变得称手。而因为自己在语文教学上有一定经验，所以语文教材的PPT，我极少使用，一节课或者不用，或者自己再做一份，只在需要用到PPT的关键处设计几页。而不用PPT的，多数是材料性的文章，我会设计预习单或学习单，这是比用PPT讲更高效的教学方式。

说了这么多，就是想大声呼吁——PPT只是工具，你用得称手，才是好工具；用得不称手，就扔掉它或修改它，千万别把课堂变成教PPT。

今天教研结束时，我"霸道"地说："以后每节课不能超过10张PPT！"

虽然有些极端，但要的是刻意练习的过程。要训练的，是高效的思维和高效的教学能力。

最后，引用李末校长发在朋友圈里的一段话与大家共勉：

所有老师都应该抵制一种上课法——在课堂上过分依赖课件，甚至是过课件。因为，其弊端之一，就是老师的作用没有发挥，从而使课堂过于呆板与贫瘠。本来，课堂学习，是老师带领学生围绕学习内容所进行的对话交流活动。在这里，老师要起到对学习内容提前预设、对课堂上的学生适时引导，以及对课堂上学生学习的效果及时研判并重新调整教学方法等多重作用。一旦老师因为恐惧或者自身能力与素养不足而在课堂上一味过课件，就把这些重要的作用给抹杀了。想想看，一节课若是缺少了老师的作用，该会是多么贫瘠、呆板和无趣。

一年级，"分层作业"要慎重

1

微信提示有新消息，点开一看，一位老师朋友发来这样一段话。

语文分层作业，各位家长可根据孩子的情况自行选择。

一星级：

1. 背诵《画》。

2. 认读《画》中的会认字，先拼读，再组两个词语；用手书空要求会写的字。

二星级：

1. 背诵《画》。

2. 认读《画》中的会认字，先拼读，再组两个词语；用手书空要求会写的字。

3. 预习《大小多少》，重点拼读会认字。

三星级：

1. 背诵《画》。

2. 认读《画》中的会认字，先拼读，再组两个词语；用手书空要求会写的字。

3. 预习《大小多少》，重点拼读会认字。

4. 根据诗歌《画》的内容作一幅优美的图画作品，诗中有画，画中有诗。

紧跟着这条消息，她又问：原校长，你帮忙看下，如果作业分层，这样的设计可不可以？

我仔细看了一下这份作业：第 1 项和第 2 项属于由当天的学习内容衍生出的作业；第 3 项是一项预习作业，也就是提前自学下节课要讲的内容；第 4 项可以归为兴趣类作业，虽然主要目的是通过画来加深对诗歌的理解，但对孩子来说，可能比前几项更能激发他 / 她做的兴趣。

真是一位用心的老师啊！为了"因材施教"，把作业设计成几个不同的层次，让孩子和家长自行选择，希望给他们一定的自主权，激起他们挑战的愿望。这是老师敬业的表现。

但我还是喊停了。

为什么？

我把回复这位老师的内容进行了如下较详细的梳理。

2

首先，一年级，不建议预习。

通常情况下，预习是从三年级开始的。预习的内容也比较丰富。除了有解决字词和课文朗读的基础预习，还有类似于文本细读的核心预习，甚至有涉及 C 类目标的思考题。（这几句话是以"全人之美"课程的"有效教学框架"为背景的。）

一、二年级因为课文内容相对简单，语文学习的重心也是放在识字、写字及朗读上，所以不必急着把预习的任务带进来。

二年级也可以进行适当的预习，不过读读课文和生字就可以了，没有必要设计专门的预习单。而且一年级，尤其是现在刚刚学完拼音，正式开学只有一个半月的孩子，更是不必提前预习课文。因为课文很简单啊，课堂的时间足够了呀！

所以，第3项，不适用。

其次，这样的分层作业容易加大两极分化。

因为家长的理念不同，有的孩子在入学前已经提前学习了很多一年级知识，有的孩子基本保持着零起点，所以在入学之初，班级已经呈现出一定程度的两极分化。当然，这种两极分化在不久的将来会有较大变化，因为一些看似比别人先起跑的孩子，也可能由于不当的学前教育，呈现出的只是虚假的领先。

就这位老师设计的这份分层作业来说，目前比较弱的孩子很可能只是完成第1项和第2项，而第3项和第4项是优秀的孩子更容易选择的。不得不说，优秀的孩子由于做事效率高、自信心强，更容易也更愿意完成较大的挑战。那么长期下去，如果老师没有更高的技巧激励弱的孩子一次次完成更高的挑战，他/她就只会完成基础的部分，而强的孩子在强的基础上比他们完成得更快，差距就会更明显地显现出来。

所以，在我看来，如果有意"分层"，也应该是弱的孩子做第3项——预习《大小多少》，重点拼读会认字。

为什么？

提前补啊！

因为种种原因，暂时在识字上显得落后的孩子，可以采用提前补的方式——提前熟悉一下第二天要学习的课文和生字，这样在上课的时候就能增加更多自信，扫除一些障碍，跟上其他孩子的节奏。

如果落后的孩子本来识字就有困难，又不选做第3项作业，而那些跑得快的孩子又做了这项作业，对老师来说，一节课的教学反而增加了难度：你想想，一篇课文就几句话，字认识了，课文会读了，学习任务基本就完成了，自学能力强的孩子在课堂上收获并不大；而不会的孩子呢？可能一节课下来连课文都读不下来。老师在课堂上如果倾向于照顾这部分孩子，那么对于那一部分通过预习几乎可以完成学习任务的孩子来说，上课就是在重复咀嚼，这也是一种浪费。

孩子的差距必然是会有的，但是小学，尤其是小学低年级，所学的都是基础性的知识。尽量保证每个孩子跟上队伍，不让一部分慢的孩子淹没在由提前学的孩子造成的过于急促的学习节奏里，是每个低段老师都要留意的事。

随着年级的增长，差距是必然会形成的，但那是一个自然而然的过程。在每个孩子都掌握了基本技能、尽量充分地发挥出了自己的能量的基础上，根据他们的能力、兴趣等布置合适的分层作业，才真正有利于他们的健康发展。

那么，学习比较快的孩子不预习，干什么呢？

阅读呀！

英文听读呀！

发展自己的其他兴趣爱好呀！

都可以。

这些都是比预习没有太大难度的一年级课文更有意义的事。

3

"想办法让弱的孩子预习，又不让他们感觉到这是'慢孩子'的任务，这就考验老师的技巧了。"我在对话框里输入并发送了这句话。因为在孩子对"分层作业"没有正确认知的前提下，分层作业一不小心就会变相地给孩子贴上标签。

"星星等级还有必要吗？"老师问。

我回道："目标或基本原则是让弱的孩子赶上来，你考虑一下怎么激励。比如今天的作业，你可以不露声色地把第 1 项和第 2 项布置为必做，孩子只要认真做，都能得到一颗星星。

"另外，这一部分同学（弱的）做第 3 项，另一部分同学（强的）做第 4 项。如果完成了，并且质量高，将再得到一颗星。但在给孩子布置作业时，不要让孩子明显感觉到谁弱谁好，甚至可以把中间层的孩子划分一下，一部分做第 3 项，一部分做第 4 项，尽量既达到目的，又不着痕迹。"

以上只是举个例子，方法不唯一，甚至不一定可行。但主要目的，还是在保护孩子自尊心的基础上，让弱的孩子尽快赶上来。

最后，总结一下：

1. 一年级由于课文内容简单，没有必要预习，可让孩子腾出时间阅读、听英文、发展兴趣；

2. 要用提前补的方式让暂时落后的孩子尽快追赶上来；

3. 要注意保护孩子的自尊心，不要击碎他们"我是一个好孩子"的自我镜像。

先教课文还是先教生字？

学习一篇新的教材文章时，究竟是先教课文还是先教生字，这似乎是一个隐隐有些纷争，但又一直未经深入探讨的问题。

为什么说是"隐隐"？因为大部分课堂上，老师是先教生字的，所以那一小部分"先教课文"的呼声便也渐渐孱弱下去，湮没在"先教生字"的洪流之中了。

今天，我试图以我有限的经验和认知，与大家探讨一下这个问题。

1

回顾我的成长，深感幸运。它使我能够遵从内心，甚至可以说遵从自己的直觉、依凭自己的"本能"做出不少正确的事。所谓正确，就是切合事物发展的自然规律和内在逻辑。

在教学上也是如此。

我是中师生，19岁走上讲台。师范所学的理论知识还没等毕业就已经还给老师了，所以，所有对教学的认知几乎都来自自己十几年的学生生涯。

当了老师之后，怎么教，大部分凭感觉。

学习新课，第一个环节一般是教师示范读课文。

"请同学们打开书，翻到第 16 课。"目光扫视全班，所有学生都准备好了，我就开始声情并茂地范读课文了。

很多时候，我读得自然、投入，我感觉声声、字字都读到了学生的心里，整个教室形成了一个"场"。教师是指，文本是弦，学生是听众，指拨弦动，乐声流淌，渲染出了一个奇妙的世界，将教室这个空间里的我们带到了一片新的精神天地。

这时候，教师如果来一句："好，下面我们先来看这些生字。"真是太煞风景！

所以，往往在学生听我读完课文，意犹未尽的时候，我会轻轻地说："请你自己读课文。"

什么"请把课文读正确、读流利"这类明确要求性的话语我都不愿意说，因为一说出来，就破坏了那个"场"。最多加上一句"读不通顺的地方多读几遍"。而如果是自己长期培养的学生，其实，在老师范读之后，学生自读之时，自读目标是"把课文读正确、读流利"，达到目标的方法是"读不通顺的地方多读几遍""不认识的字可以查查生字表"等要求，早已在学生心中明确了。这种训练，往往持续几节课就可以了。后面间隔一定的时长提醒一下，就不必每次学新课文都强调了。

学生读完课文之后，我们就开始对这篇课文最关键的问题进行探讨，在探讨的过程中再用读来促进理解，直至完成一篇课文的学习，我常常觉得，这样的课文学习是浑然一体的。

而那时，精读课文往往会用一整节课的时间，第二课时再处理生字。有时候一些课文简单，不需要讲一节课，就在学完课文后直接把生字处理掉。

总之，我一直习惯先教课文再教生字。而实践证明，这样的教学效率是挺高的，学生不仅更容易较深刻地理解课文，对生字的掌握也没有受到影响。

2

学习生字是为了扫清"拦路虎"呀!生字,就是生疏的字、不认识的字,连字都没学会,怎么学课文?!

多么理所应当的理由!

但是我们忽视了一点:生字,也是可以在语境中学习的,而课文本身,就为生字的学习营造了一个语境。

学习课文时,对字词的要求,其实是能够正确地读出字音,理解由这个字所组成的词语在文本中的含义,就足够了。

那么一篇课文中,识得的字肯定占了绝大部分,另一少部分较生疏的字,即所谓"生字",在学习课文的过程中也会渐渐变得熟悉,根本不会影响一篇课文的学习,也就是说,少数的生字不会影响学生对一篇课文意义的理解。

为什么要用"生字学习"这个拦路虎,把课文的学习一砍为二呢?

学完生字,当然也可以重新进入课文的学习中去,但是总觉得课文的学习就少了那种一气呵成的感觉。

3

但我上面讲到的情况,是在学生完全没有自学(也可以叫预习)的前提下的。

在"全人之美"课程的有效教学框架里,特别强调预习单的使用,即,在学生学习一篇新课文之前,先通过做预习单的方式自学课文,使学生能够站在大致相同的起点走进课堂,而老师在课堂上就可以在此基础上更深入、更高效地进行教学。

于是，教学环节就变成了先检测预习效果——课文是否读正确读流利了？字词是否掌握了？检测之后，再进入课文的学习。

为什么预习单要放在三年级再开始用？因为一、二年级的学生，还不具备自学能力，在朗读、识字、理解课文等方面还需要老师扶着走。

那么，在提前预习的情况下，就不一定非是先教课文再教生字了，而是紧扣重难点来开展教学。

所以，教无定法。

但说句实话，目前大部分学校并没有成熟的课程体系或课程资源，很多时候还是凭老师个人在奋斗。而语文老师又常常兼任着班主任，每天忙得不可开交。在这种情况下，我还是建议先教课文再教生字，学生在熟悉课文、深入理解了课文的基础上再去识字，会大大减轻识字的难度。我觉得这是比较高效的教学方法。至于写字，当然是放在学完课文和要求会认的字之后，那是另一个话题了。

4

忍不住，还是想说说朗读。

在教课文的时候，一定要重视范读的作用。

一、二年级是训练朗读的关键期，而训练朗读的一种重要的方式就是模仿读，模仿读最高效、最省力的方式当然是听老师读，即老师范读，所以，学习新课文时，教师的范读就显得至关重要了。

好的朗读本身就是一种"讲解"。老师深入理解一篇课文，在朗读的时候，通过自己的声音传达出这种理解。恰当的停顿，声音高低的变化，语气的舒缓或急促，重点词语的把握……这些都是快速将学生带到文本中去的方式。所以，以训练朗读为其目的之一的晨诵课无比重视教师的范读，听教师范读不仅是学生学习朗读的一种方式，也是让学生理解文本的一种方式。

因此，在语文教学中，一、二年级必须重视朗读训练，它可不是把课文读得好听那么简单，读好一首诗或一篇文章，包含着朗读者对文本全息性的习得。因此，检验学生是否理解了一篇文章，往往通过他/她的朗读就能听出来。

那么在"全人之美"课程的背景下，到了三年级之后，老师在语文课上示范读的机会其实就已经不多了，除非是在学生读不好的情况下，老师"出口相助"。好在这套课程体系中有"晨诵课"，无论是在低年级还是在高年级，教师的范读都非常重要，因为诗歌的学习是由易到难，由浅入深的，每一个阶段的诗歌都在挑战着学生的理解力，它比课文也更适合进行朗读训练。

那么，如果是没有晨诵课的学校呢？甚至不使用预习单的学校呢？我还是建议，即使到了三年级以上，也不要轻易放弃"教师范读"这个环节，有些课文，比如说明文、说理文，老师可以不范读，因为它本身就不是训练朗读的文本，但那些适合朗读的文本，老师最好能够进行范读，作用上面已经说过，不再重复。

话说回来，哪怕是说明文、说理文，老师范读一下，有时候也是一个小型的学生自学现场。比如，我会要求学生在听我读课文时，标出自然段，标出你认为写得好或有疑问的地方，我甚至会在示范读课文时把需要积累的或者课后需要掌握的词语再重复一遍，学生一听到重复，就自然把它用符号标出来。比如，我读完"它一定从容不迫地大踏步走上前去"之后，会将"从容不迫"再重复一遍，学生就将它标出来了。当然，这种小技巧登不了大台面，但对提高教学效率是有帮助的。

即使是使用"全人之美"课程的学校，用了预习单（其实到了高年级，我喜欢把预习单设计成学习单），也不要完全放弃教师范读的机会，比如在授课的过程中，哪一段话学生读不好，教师一定要示范读一下，别放过。尤其是适合拿来做朗读训练的文本。

5

该总结一下了。

1. 我认为，在语文课上，先教课文是更高效的一种教学方式，少数的生字不会影响学生对课文的理解，而且学习课文的过程也是一个浪漫学习生字的过程。

2. 如果学校有比较成熟的课程体系或教学模式，如"全人之美"课程的有效教学框架，老师要根据实际情况来确定教学方法，但常规课堂，先教课文更高效。

3. 要重视教师范读，尤其是一、二年级。三年级及以上，遇到适合范读的好的文本，也不要轻易放过它。

说说拼音学习那点事儿

写在前面：一年级家长在孩子初学拼音时，常常焦虑，觉得孩子学不好，学不会，甚至因此把孩子定义为"笨孩子"，觉得他们成才的希望渺茫。殊不知，这是一种极为错误的认知。

为了缓解大家的焦虑，我给家长们做了一场关于拼音学习的讲座。这篇也非常适合一年级老师阅读，如果再遇到焦虑的家长，相信这篇文章能帮你较好地应对。

作为家长，我们首先要明白拼音的作用，明白了拼音的作用，就能把它放到一个合适的位置，正确看待它。

1

很多家长有这样的认知：拼音是识字的工具，只有学会了拼音，才能认识更多的字。

我想说：这句话，前半句是对的，但后半句绝对是对拼音或者说是对识字的一种误解。大家想一想，我们的父辈或者祖辈，是不是有很多人很难单独认出一些复韵母或者音节？但他们仍然会认字，会写字。我爸爸就是这样的，他

72 岁了，是个农业技术人员，发表过学术性的论文，平时没事还写首打油诗，但他就不认识拼音，到现在使用手机还是用手写输入的方式。由此可见，拼音只是识字的一个工具，一种途径，但识字绝不是完全依靠拼音来完成的。

这里我还想告诉你：咱们国家的拼音方案是在 1958 年才公布的，到现在也不过六十多年的时间，拼音最早的起源可以追溯到鸦片战争之后，也就是 1840 年，19 世纪末。总之，拼音从萌芽到使用，也不过一百多年，与有着五千年历史的华夏文明相比，实在是可以忽略不计。那么古人写出了那么多的经典著作，难道是从学习拼音开始的吗？当然不是！现在，我们为什么又非要执着地认为孩子不学拼音就没办法识字呢？

我们再回想一下：孩子在没有学习拼音的时候，是不是已经认识了一部分字？是的，大多数孩子都是这样的。我自己有两个孩子，他们都是两三岁就开始自然识字，在没有学习拼音之前已经认识几百个汉字了。并且，不知道大家发现没有：认识汉字往往比认识拼音要简单得多。这是为什么呢？

因为我们的汉字是表意文字，就是表达意思的，几乎每个汉字都对应着一种含义，尤其是名词、动词这些与孩子的实际生活高相关的词语类型。比如看到"手"字，孩子就能与他/她的小手对应起来；看到"花"字，孩子就知道是他在小区或公园里玩耍时看到的那些美美的植物；看到"笑"字，他/她就能想到嘴角上扬、露出牙齿的样子，甚至还会产生愉悦的感觉……也就是说，孩子在认识这个字的时候，他/她的头脑中相应地会出现与它的意义相关的形象、动作、表情、心情等，他/她就更容易记住这个字。

更何况，咱们的汉字在造字之初，形状像图画一样，也就是最古老的象形文字：看见这个符号，就感觉它像个"日"；看见这个符号，就想到"水"；看到这个符号，就像只眼睛，所以它就是"目"……随着孩子年龄的增长，他/她的见识、经历、体验等越来越多，尤其是他/她的阅读量也逐渐增大，那么相应的，他/她的理解水平就会越来越高，他/她就能懂得"模式""瓶颈""监护人""听之任之"等这些比较抽象的、他/她现在理解起来可能还有困难的词语。

但是，拼音呢？请问"K"表示什么意思？"an"表示什么意思？"eng"表示什么意思？你能说出来吗？

说不出来是不是？因为它不表示什么意思，它没意思。所以，拼音是无意义的，孩子无法把它跟什么东西对应起来，与汉字相比，它非常抽象！这就大大增加了孩子记忆的难度！他/她只能通过生硬的、重复的方式，调用自己的记忆能力来记住这一堆没有任何意义的符号。

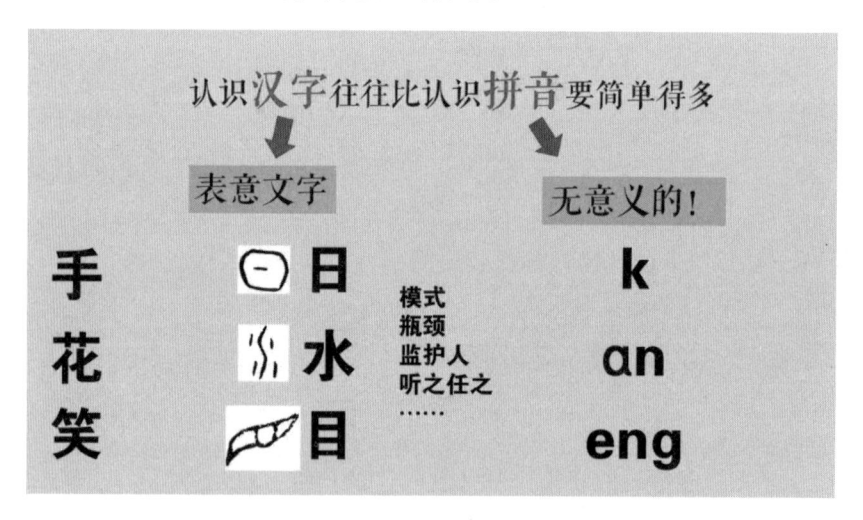

认识**汉字**往往比认识**拼音**要简单得多

表意文字		无意义的！
手 花 笑	日 水 目	k an eng

模式
瓶颈
监护人
听之任之
……

2

而且我们也常常不能给孩子太多时间来让他们记忆拼音。

在一年级的教材中，拼音的内容设置有两个单元（一年级上册的语文教材一共八个单元），按照正常的教学进度，他/她需要在一个月的时间里学会23个声母、6个单韵母、18个复韵母、16个整体认读音节以及很多个由这些声母、韵母组成的音节：bao、meng、dong、shui、huo、niu……不仅如此，每个音节还有四个声调，luǎn到底是读luán还是luǎn？在教授拼音的过程中，老师会发现，有一部分孩子很难分清二声和三声，尽管老师会辅以手势，读二声就用手指使劲往右上方一扬，读三声就先下后上拐个弯，但小手比画着二声，嘴却仍然读成三声的孩子大有人在。

除了读是一关，认和写也是一关，b和d、p和q长得为什么那么像？对这些字母，有一部分孩子很难分辨。甚至有的孩子现在还会出现把字母写反的现象。这种情况在心理上称为"镜像现象"。

一般"镜像现象"的形成多源于视觉空间位置的辨别能力较弱。孩子从小到大，对空间和距离的知觉是逐渐完善起来的。4岁之前的儿童，发生左右不分，将数字和字母颠倒书写的情况很常见，因为处于这个阶段的儿童不善于辨别物体空间位置的变化；儿童4岁后一般才开始辨别形状、大小、方向；6岁以后，区别左和右的正确率才达到75%；到了7~8岁，儿童对图形和字符空间位置的辨别能力已经基本发展成熟，一般就不太会犯错了。

所以说这种"镜像"现象在3~4岁年龄段的孩子身上是正常的，甚至在年龄更大一点的孩子身上也是这样。但是如果到了7~8岁学龄期还继续写反字，这类孩子通常存在视觉空间障碍和左右方位混淆障碍。

这些儿童在阅读或书写时需要把大量时间花在区分文字的形状和细节上，大大影响了阅读速度，可能会让其出现学习障碍。

那我们的孩子呢？大多数现在只有6岁多，所以他们无法准确辨析一些字母和拼音，也是正常的。

3

好了，亲爱的家长们，了解了拼音只是一堆抽象符号以及孩子的生理发育特点，是不是对孩子暂时学不会拼音就能够多一些包容和理解了呢？其实孩子挺难的，他/她才6岁多呀，来到这个世界上不过六年，他/她学习吃饭、走路、说话，甚至刚能把话说利索，就进入了一年级，开始了漫长的学习生涯。而且一上一年级就得学习这么一堆符号，学不会还被我们骂、被我们吵，是不是很可怜？

你想想啊，哪一个孩子跨入小学校门的时候不是怀着"我要成为一个好孩子"的愿望？人天性就是向上、向善、向好的，大家都喜欢受表扬，都喜欢在别人眼里是个好人，孩子更是如此啊！可是有太多太多的孩子，一升入小学，一踏进一年级，就被拼音字母这些小怪兽打得遍体鳞伤！认不准，记不住，老师批，家长骂，这会给孩子造成巨大的影响！孩子会因为自己学不会拼音以及老师、家长的负面评价，把自己定义为一个"笨学生""笨孩子"，这种自我认知对孩子今后的学习会产生非常恶劣的影响。我们常常说希望孩子有内驱力，希望他/她能够自觉、主动地学习，不用老师逼、家长催，每天都能好好学习，天天向上。那么什么是内驱力？我告诉你，内驱力就是孩子心中的"优秀者的自我镜像"。就是说，孩子在内心把自己定义为一个好孩子、好学生，一个优秀的人，这会让他/她产生一种自尊感，这种自尊感驱使着孩子不愿意落后，努力向前行！而当孩子一次又一次在挫败中被否定、被打击的时候，他/她就逐渐地放弃了自己，给自己贴上了"我不行"的标签，从此以后，你就只能逼着他/她学习了。严重的时候，孩子甚至会出现厌学现象，这在小学中、高年级已经非常常见了。

亲爱的家长朋友们，这绝不是危言耸听。从教二十几年来，我见过很多这样的案例，希望大家尽早意识到这一点，注意保护孩子的自尊心，呵护他们内心本来就存在着的"成为一个好孩子"的愿望，让孩子的内驱力一天天强大、茁壮，最终成为一个高自尊的优秀的人。

4

那么，有的家长又问了：原校长，你说了这么多，我们知道了学拼音难，但拼音总得学吧？孩子就是学不会咋办？

在这里，我想告诉大家几点。

1.拼音没有大家想象的那么重要。为什么这么说？你想啊，我们的现实生活中，什么时候会用到拼音？手机或电脑打字的时候对不对？也就是说，如果现在不使用手机和电脑，你连使用拼音的机会都没有，是不是？在手机、电脑没有普及的二十世纪八九十年代，成年人用拼音吗？不用。其实我生活中几乎就用不到拼音，因为我在电脑上打字时用的是五笔字型输入法，我用手机时使用的是笔画输入法，虽然我教了很多年语文，对拼音非常熟悉，但我也不习惯用它。咱们的孩子呢？他们是互联网的原住民，是在网络时代长大的，不久的将来孩子必然要使用电脑和手机，掌握一项本领最快的方式是什么？——使用它！当孩子需要用拼音来打字，跟别人交流的时候，他/她自然而然地就会在使用中习得这项本领，就像你在中国的传统学校里学三年英语，都没有你到国外生活三个月学得快，为什么？因为要用呀！在那个环境里，不得不说英语，英语水平就自然提高得快。所以，只要拼音输入法还是大众化的输入方式，你还担心咱们的孩子以后会学不会拼音吗？

说到这儿，我给大家讲一讲自己的亲身经历。我的女儿上一年级时还不满5周岁。她只上了幼儿园小班和中班，大班都没上。因为当时我刚送走了一届小学毕业生，要转回头来再教一年级，而我女儿在4岁多的时候识字量比较大，基本能把一年级上册的语文课文读下来，我就想着让她跟着我上一年级吧，也省得每天跑幼儿园接送。如果跟不上，大不了第二年再上个一年级。我抱着让她跟着试试的心态把她放到了我的班里，跟比她大一两岁的孩子们一起上了小学。之前她完全没有接触过拼音，到了一年级，她跟着其他孩子一起学了大概一个月，就学完了拼音。我在家里也从来没有对她有额外的辅导。后来我偶尔让她在电脑上练习打字，教她认识了键盘，给她几句话，让她自己去打吧！自己能在屏幕上敲出字来她也很兴奋呀！就这样也不知怎么的，她的拼音就掌握了，好像没有费什么力气。所以，对于学习拼音有困难的孩子，家长也可以尝试着使用这种方法。

2. 中考、高考，基本是不直接考拼音的，尤其是高考。孩子们现在的学习，都是在为未来的学习打基础。求学时期最后的竞争目前是以高考的方式呈现的，但是现在为了拼音这种高考时几乎不会考的东西，去扼杀、挫伤孩子的学习兴趣，在求学之初就打消他/她学习的积极性，是不是一件非常得不偿失的事？不能因小失大，捡了芝麻丢了西瓜呀！

3. 拼音只是识字的一个工具，但识字并不是主要靠拼音这种工具，而是靠阅读！孩子是在阅读中识得大量汉字的，这一点毋庸置疑！有的家长喜欢给孩子买拼音读物，觉得孩子遇到不认识的字，拼一下拼音就认识了，就能继续读下去了，甚至还顺带把这个字认识了。我告诉你，这种情况可能有，但很少，绝不要寄希望于通过拼读音节让孩子认识大量的字。拼音能帮孩子掌握一个字的读音，但无法帮孩子掌握一个字的意义。即，拼音关涉一个字的"命名"，但无法关涉一个字的"意义"。而对识字来讲，意义显然是学习的主要内容。所以，拼音作为工具，在帮助孩子识字方面，作用是极其有限的。孩子并不是学会了拼音，才学会识字的。（这段话的后半段来自魏智渊老师的《幼升小的暑假，孩子需要学习拼音吗？》）

其实识字分为自然识字（我们也叫浪漫识字）和精确识字两种。精确识字主要指孩子在学校里，在老师的带领下学习生字的过程。而自然识字就是在自然而然的过程中认识汉字，不是老师或家长刻意教的。

比如你带孩子出去玩，孩子看到一个店铺的标牌上写着"手机维修"四个字，会问你："妈妈，这个上面写的是什么呀？"你就认真地指着读给孩子听："手，机，维，修。"孩子下次见到了，又问："妈妈，这个上面写的是手机什么来着？"你说："手机维修。"孩子可能就对"维修"这两个字有了更深的印象，甚至记住它们了。这就是一个自然识字的过程。我们不必刻意地去教孩子识字，不是说我今天非让你记住这几个字不可。

那么我们在给孩子读书的时候，在这个过程中，孩子也会认识一些字，尤其是他/她特别喜欢的绘本，经常让家长重复读好多遍，那么一页上，一些简短的句子，他/她可能慢慢就认得了每个字。不过在这里我要提醒家长的一句话是：给孩子读绘本的时候，不要指着字读，你只管读你的，孩子会用眼睛来观察图画，也就是说你是读字的，孩子是读画的，不要把绘本异化为识字的工具。总之，我们要知道，孩子识字的主要途径是阅读，这也是为什么在咱们的"全人之美"课程里，会设置"长文挑战"的原因。长文挑战就是快速增加孩子识字量的一个非常好的方法，一般是从一年级下学期开始进行长文挑战。

4. 拼音学习其实也挺重要。有家长困惑了，这不是自相矛盾吗？我说它重要呢，是就当下而言的。因为在小学阶段，几乎大大小小的语文测试都逃不掉对拼音的考核。咱们都上过小学，都是久经"考"验的，所以很清楚小学语文的题目类型。什么"给加点字选择正确的读音""看拼音写词语""多音字组词"，等等，都会用到拼音。一年级的考试，也会专门考拼音——尤其是一年级上学期的语文试卷，拼音作为语文一年级上册的教材内容，在试卷中的占分比绝对是重量级的。所以，如果孩子拼音没学好，在做这些题的时候自然就会失分，有时还会失去较多的分数。比如"看拼音写词语"，分值经常达到10分以上，如果拼音学得一塌糊涂，对这个孩子来说做这种题简直就是一场灾难。我真遇到过这样的孩子，完全掌握不了拼音，其他题都会做，但一道分值为16分的"看拼音写词语"题没做，分数直接就从100分变成了84分。小学阶段，孩子需要较高的分数来获得自信。即便现在不主张打分了，但孩子总知道"优秀"

比"良好"更好吧？所以，如果可能，还是要尽量帮孩子把拼音掌握好。但万一孩子因为拼音失分，也不要过多去责怪孩子，而是暗地里使劲，想办法帮助孩子逐步掌握拼音。

5.怎么帮呢？我的建议是，多跟孩子玩游戏。在老师教学时，我们也一再强调，对于像拼音这种本身无意义的教学内容，要用外在的游戏化的方式来教学，尽量激起孩子学习的兴趣。所以咱们学校老师教拼音时，是把孩子带到"拼音王国"里的，中间用很多小故事来串联，尽最大努力去增添学习的趣味性。家长在家里也可以跟孩子玩一些拼音游戏，做点拼音卡片一起拼着玩呀，也可以做一个拼音转盘，挂到墙上，石头剪刀布，谁赢了谁就给对方出题：转动转盘，把相应的声母和韵母组成的音节拼出来，拼对了可以得到奖励，比如一颗糖、三粒瓜子，拼错了在脸上贴个纸条……我相信，只要是用心的家长，一定会发明出很多种拼音游戏，让孩子在快乐中逐渐巩固拼音。

6.拼音的集中学习可能只有一个月甚至更短的时间，但拼音的巩固却要花一年，两年甚至更长的时间。不是说学了一个月所有孩子就都能掌握拼音并熟练运用了，有可能学了之后，孩子基本能准确认识23个声母、24个韵母、16个整体认读音节，给他们一些音节，他们也能经过思考后拼读出来，但运用得还不熟练。在以后的生字学习中，他们还会一次次地用到拼音。比如到了三年级，要学习"浪费"这个生词，老师一定是连拼音一起出示的，甚至还会让孩子把"làng fèi"这个音节拼出来。在这个过程中，拼音的学习就慢慢得到了巩固，越用越熟练。真的，孩子学着学着，你就会发现他/她过一段时间就会掌握得熟练一些，过一段时间原来不会的忽然就会了。所以，放下焦虑，静待花开。

那么有的家长问了，如果孩子老学不会，像你前面说的那个孩子一样，完全学不会拼音怎么办？那就学不会呗！有什么关系呢？不就是小学语文成绩受点影响吗？当下解决不了，那就着眼于未来——反正高考也不考，学不会就算了，放过孩子，也放过自己吧！而且我觉得，如果一个孩子完全学不会拼音，他/她肯定在另一方面有特长，你不妨努力去发现一下。

5

那么最后我想再给家里有更小的孩子的父母建议一下：如果你担心孩子到小学后学习拼音有困难，可以在幼儿园或者上小学前的暑假让孩子接触一下拼音。仍然强调，无论是幼儿园的教学还是父母自己在家里教，一定要注意用游戏的方式教。学习的量可以少一些，比如只认识一下声母、韵母、整体认读音节，不对拼读做过高的要求。有了基础，孩子进入小学后可能会减轻一些学习拼音的负担。但现在国家提倡零起点教学，孩子如果在上学前不学拼音，也没有关系，只要家长把心态放平，明白拼音并不那么重要，明白孩子的生理发育特点，能够心平气和地面对孩子学拼音的困难，那么孩子就能更好地度过这段拼音学习期。

幼儿园时期不要让孩子学过多的知识，提前学习只能帮孩子暂时领先，而且是一种虚假的领先，优势很快就会消失。阅读，游戏，培养习惯，与人交往，等等，是比知识学习更重要的东西，也是小学学习的能力基础。

最后，我把这一句我认为特别重要的话送给大家：家庭教育在任何时候都不应该以"破坏亲子关系"为代价。也就是说，无论你多想让孩子把作业写对，把学习搞好，爱读书，考好成绩……你都不要在孩子达不到自己的要求时当着孩子的面发泄情绪，不要在教育孩子时经常上演鸡飞狗跳的场景。关系一旦被破坏，是很难弥补的，并且会对孩子的性格甚至今后的学习和生活造成极大影响。

这样教《对韵歌》，恕我不敢苟同

早上快速浏览订阅的公众号，被一篇文章的题目吸引——《朗读是有意思的事情：统编一上〈对韵歌〉教学叙事》。之所以被吸引，是因为本周语文组教研的课文刚好是《对韵歌》，昨天教研课，我和老师们刚刚讨论过这一课。

点开一看，嗯？怎么能这么教？

忍不住，要写篇文字说道说道。

1

文章伊始，一堆 PPT 页面图。一看这些图我就在想：这节课的教学目标是什么？执教者由"云"引出了"乌云密布""蓝天白云"，由"雨"引出了"毛毛细雨""倾盆大雨"，由"风"引出了"春风""夏风""秋风""寒风刺骨"……但是请问：这些与课文内容有多大关系？

再往下看，是文字部分。作者开篇表明："特别想把朗读指导做得有意思。"我姑且表示还算认同，因为低段语文中，朗读确实是重点，而且这篇《对韵歌》朗朗上口，也适合朗读。

课堂伊始，作者用了《大小多少》这首儿歌引入，原因是：含有多对反义词，内容非常有趣。

我又要问了,《对韵歌》里的"对词"是反义词吗？语言的风格有趣吗？这样引入会不会给孩子造成一种误导？孩子会不会在初读时也思考："云"和"雨"是不是反义词？"雪"和"风"是不是反义词？……

其唯一与课文相关联的，可能就是儿歌与课文一样，都有节奏感。但我还是觉得，一节课宝贵的40分钟，老师花几分钟时间用于示范朗读（从文字描述中可以想象出老师读得很好玩）和让孩子模仿读一篇并非与课文高相关的儿歌，确是有些浪费时间。"双减"之下，课堂时间真是分秒必争啊！

再然后，就进入到课文学习了。

"云对雨"是怎么学的呢？

老师出示图片——乌云密布。看图理解"乌""密布"，再指导孩子朗读好"乌云密布"，边读边想象图片上的景象……

好了，后面的我不再赘述。我就想问：指导朗读，指导的不是课文的朗读，而是这些延伸出的词语的朗读？当然，学完整篇文章后，老师也指导了朗读，并拓展《声律启蒙》的一部分，让孩子感受韵律，这点无可厚非。

不过整节课的重心，或者说教学设计，我认为是偏离了教学重心的。老师由一个字引出了一组相关的词，如由"花"引出"雪花、烟花、火花"，却并没有讲为什么"花对树"，缺乏了这种关联性，教学便是在核心之外打转。

2

昨天（周三）上午是语文组教研时间，颜景老师上了这篇《对韵歌》。但早在上周五中午，我和一年级语文组的小伙伴对这一课就已经进行了课前教研。

课前教研时，我发现大家的困惑点都在于：PPT为什么要这么设计？这一页的用意是什么？感觉这儿出示的内容有点多了……

再次追问：为什么要研究 PPT 而不是研究课文？到底是教 PPT 还是教课文？ PPT 只是备课时的参考资料之一，而且其中设计的内容未必就是最有效的。即便是专业的，也并非适用于你的教学，为什么还在被 PPT 绑架呢？何况，这份 PPT 在我看来，用起来绝对是低效的。

PPT 是工具，非必要时完全可以不用！要用，要么是因为方便，要么是能解决重难点。

常态课上（公开课另当别论），明明用教材就可以解决的问题，为什么非要多此一举地再用 PPT 呢？做 PPT 不费时间吗？效果一定好吗？

不多说了，前面那篇《有思考地教教材，适当使用 PPT》已经说得很清楚了。强烈建议大家再读一遍。

3

来，让我们抛开 PPT，回到课文，素读。

题目是《对韵歌》，怎么理解？

老师备课啊，一定要从题目备起。每一个字都要备。就像上周教研二年级语文《场景歌》一样，"场景"一词，就是统领全文的背景。

对，相对（但不是反义词）；韵，韵律（而非押韵）；歌，朗朗上口的、适于诵读的儿歌。

有了这些理解，再去看课文。

云对雨，雪对风。
花对树，鸟对虫。
山清对水秀，柳绿对桃红。

"云"为什么对的是"雨"呢?"雪"为什么对的是"风"呢?……

"柳绿"为什么对的是"桃红"呢?

哦,原来它们都有"相关性"呀!云层厚了,就要下雨;下雪之前,常常刮风;有花的地方常常有树;小鸟总爱捉虫吃;有山有水是好风景;春暖花开,柳绿桃红。

那么上课的时候呢?

为什么不在孩子理解了"对"字的意思之后,直接问孩子:"你认为,为什么'云'要对'雨'呢?"孩子将调集他/她所有的生活经验来思考这个问题,而不是直愣愣地看着屏幕上老师出示的乌云图片,被告知:乌云密布时,要下雨。

这不是灌输吗?

孩子说出云和雨的关系之后,老师可以出示乌云和下雨的图片,同时标上文字"云对雨",加深孩子的印象,让他们朗读。也可以不出示图片,因为这是常见的自然现象,孩子脑子里有图片。

在这首小儿歌中,哪些地方是最好使用PPT的?

"山清对水秀",这一句孩子理解起来是有难度的,这时候,出示一幅秀美的山水图,用直观的方式帮助孩子理解,是必要的。

"柳绿对桃红"也可以出示一张图片,毕竟,一年级的小萌宝对季节还不敏感,此处夯实一下也是必需的。

理解了,读吧!不用给一年级孩子讲韵律,只要读出韵律,读得朗朗上口,读得兴味盎然就足够了。

读着读着,就会背了。教学目标之一"能背诵课文"就完成了。

读着读着,课后要求的会认识的字也大部分都认识了,识字教学的"浪漫感知"环节就完成了,接下来,就再精确教一下"对、云、雨、风、花、鸟、虫"这几个字,配上字源识字法,又一个教学目标就完成了。

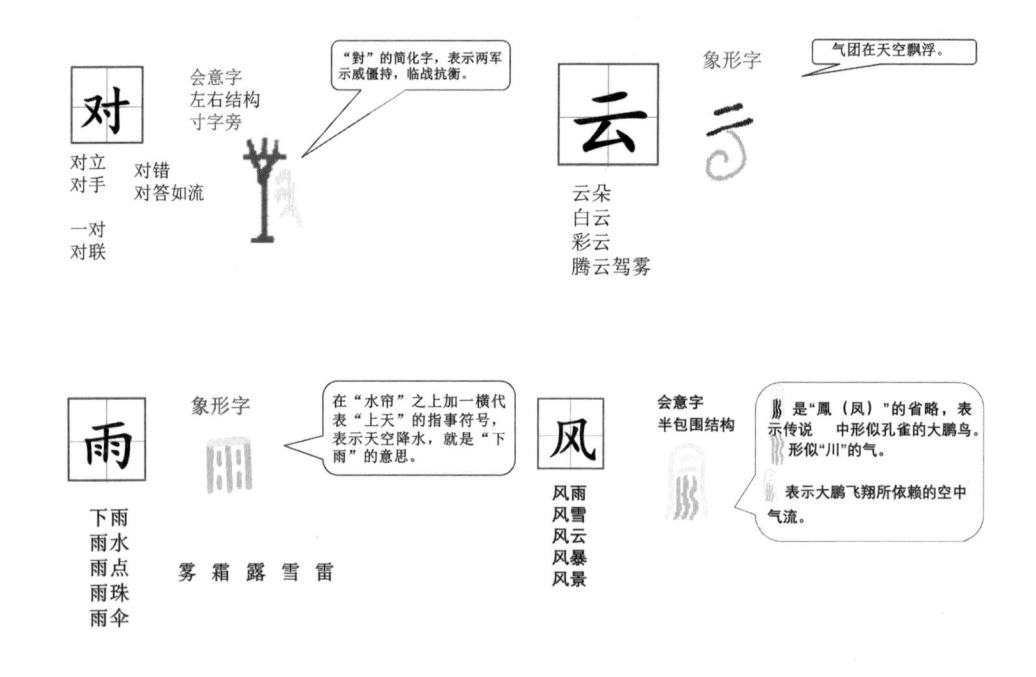

对
会意字
左右结构
寸字旁
"對"的简化字，表示两军示威僵持，临战抗衡。

对立
对手
对错
对答如流
一对
对联

云
象形字
气团在天空飘浮。

云朵
白云
彩云
腾云驾雾

雨
象形字
在"水帘"之上加一横代表"上天"的指事符号，表示天空降水，就是"下雨"的意思。

下雨
雨水
雨点
雨珠
雨伞

雾 霜 露 雪 雷

风
会意字
半包围结构

是"鳳（凤）"的省略，表示传说中形似孔雀的大鹏鸟。形似"川"的气。
表示大鹏飞翔所依赖的空中气流。

风雨
风雪
风云
风暴
风景

上课时用的几张识字教学的 PPT

然后，余下时间，教写字。

写字要认真教。最好不要用动画的描红，那种丝滑感并不适合刚学写字的小学生。

老师在黑板上，在田字格里，一笔一画地书写："大家刚才已经观察到了，'山'字的一竖，起笔在竖中线上，注意不要写得太长哦！'竖折'是我们今天学的新笔画，要一笔写成，起点在横中线上……"这样的指导，比动画演示的效果不知要好多少倍。

这节教研课，颜景老师讲完课文和要求会认的字用了 25 分钟，剩下 15 分钟用来教写三个生字，课堂总体来说是非常高效的。

4

简单总结一下：

一节常态的语文课怎么上？

1. 先解读文本。解读文本时教师要先素读，再去查阅相关资料，最后结合孩子的学段、学情，确定教什么。

2. 目标（教什么）清晰了，再去思考怎么教。切忌教PPT，而要遵循方便和解决重难点的原则，合理使用PPT。

3. 课堂要干净，干净的前提之一是目标清晰，所有教学行为都要围绕目标的达成来进行。语文课堂教学最容易旁逸斜出。

《葡萄沟》家常课教学设想

本周教研课是二年级的《葡萄沟》。

课前研讨时，上课老师说了她的教学思路，其中有一点是：借助课后第2题——"你喜欢葡萄沟吗？说说理由"，将其作为孩子深入学习文本的一个抓手。

我问："如果你是学生，在还没有深入学习课文之前，我问你'你喜欢葡萄沟吗'，你会怎么回答？"

老师立刻笑了，她说："我也意识到可能有孩子会说不喜欢葡萄沟，但我觉得，在讲完课文以后，孩子一般都会说喜欢葡萄沟的。"

1

在参加课前教研之前，我已经拿起手边的二年级语文教材，素读了一下这篇课文。

新疆吐鲁番有个地方叫葡萄沟。那里出产水果。五月有桑椹，六月有杏子、无花果，到了七月份，人们最喜爱的葡萄成熟了。

葡萄种在山坡的梯田上。茂密的枝叶向四面展开，就像搭起了一个个绿色的凉棚。到了秋季，葡萄一大串一大串挂在绿叶底下，有红的、白的、紫的、暗红的、淡绿的，五光十色，美丽极了。要是这时你到葡萄沟去，热情好客的维吾尔族老乡，准会摘下最甜的葡萄，让你吃个够。

收下来的葡萄有的运到城市去，有的运到晾房里制成葡萄干。晾房修在山坡上，样子有点儿像碉堡。晾房的四壁留着许多小孔，里面有许多木架子。人们把成串的葡萄挂在架子上，利用流动的空气，使水分蒸发，晾成葡萄干。葡萄沟生产的葡萄干颜色鲜，味道甜，非常有名。

葡萄沟真是个好地方。

素读的第一步，就是从题目开始，一个字一个字地把课文默读一遍，理解文本内在的逻辑，捕捉教学点。

二年级的课文毕竟简短，两页文本，其实只有十来句话，每个自然段1~4句。老师要弄清每句、每段的意思。

第1自然段有两句话。第1句说的是葡萄沟所在地，以及它的特点——出产水果。第2句说的是出产哪些水果，"五月有……，六月有……，到了七月份，人们最喜爱的葡萄成熟了"。写五月、六月，一是为了证明上一句中的"出产水果"，二是为主角"七月的葡萄"的出场做个铺垫。

第2自然段有四句话。第1句写的是葡萄生长的具体地点——梯田上。第2句写葡萄藤。第3句写葡萄，由远及近。第4句写热情好客的维吾尔族老乡。

第3自然段有四句话，写的都是葡萄干。第1句写葡萄干是葡萄的另一种食用方式——收下来的葡萄有的运到城市去，有的运到晾房里制成葡萄干。第2、第3句写葡萄干的制作过程。第4句写葡萄干的特点——颜色鲜，味道甜，非常有名。

第4自然段是总结句：葡萄沟真是个好地方。

整篇文章读完，觉得行文流畅，逻辑清晰。

2

然后就开始看生字和课后题。

要求会认的字有两行，十几个。如果孩子把课文学好了，这些生字在学习课文的过程中大部分也就都认识了。因为课文是这些生字的大语境，孩子在语境中识字，虽然是浪漫的，但也"混"了个脸熟，最后以检测的方式夯实一下，帮助孩子加深印象就可以了。而且有些字孩子在其他文本中也见过，本来就认识。也就是说，对孩子来说，这十几个字并非全是生字。

所以，"会认字"的备课，主要聚焦于三点：一是有助于孩子理解课文的重点字，这类字最适合随文识；二是容易与其他字混淆的字，多是形近字，这类字通常也可以借助课文语境来区分；三是多音字，这类字也要借助课文让孩子理解为什么它在这里读这个音而不是那个音，这也适合随文识字。

我浏览了一遍"会认字"，基本上锁定"沟、搭、好、干、钉"这几个字，这些字很适合随文识。怎么识，后面再说。

然后是课后题。

○ 朗读课文，注意下面加点字的读音。

　　种葡萄　好客　葡萄干　水分

○ 你喜欢葡萄沟吗？说说理由。

○ 读读下面的句子，照样子写一写。

　　葡萄一大串一大串地挂在绿叶底下，有红的、白的、紫的、淡绿的，五光十色，美丽极了。

　　公园里的花都开了，有桃花、杏花、迎春花，_____

_____。

下课了，同学们在操场上活动，_____

_____，处处欢声笑语，热闹极了。

教部编版教材时，要重视课后题。课后题往往也分为三类：一类对应基础目标，多是朗读课文。如果是背诵课文，显然就不是基础目标，而是整篇课文学完后的一种要求。二类对应核心目标，往往与理解课文内容高相关。三类是拓展延伸（中、高年级较多）或应用性的题目。

这篇课文的课后题有三道。第一题含朗读课文和认识多音字的要求；第二题"你喜欢葡萄沟吗？说说理由"就是与理解课文高相关的；第三类是习题，属于应用性、技能类的。

第一题的四个词里包含了"会认字"中要求会认的三个多音字，另外还有一个"种葡萄"，讲一讲就可以了，不必作为重点讲解。

第三题的"照样子写一写"，首先一定要研究"样子"，否则就照不好。研究样子包括研究句式、标点、句意等。如例句和第一句：

……红的、白的、紫的、淡绿的，五光十色，美丽极了。
……桃花、杏花、迎春花，_____。

显然，"顿号，顿号，逗号"之后，应该填写一个像"五光十色"一样可以总结"桃花、杏花、迎春花"这些花的特点的词，再紧跟一个像"美丽极了"一样的感叹词。那么横线上填类似于"百花齐放，鲜艳极了"这样的词语就是比较恰当的。

当然，对二年级孩子，可以适当放宽要求，但老师是要精确备课的。

与课文内容相关的第二题往往可以成为切入文本的一个武器。

3

这篇课文后的第二题：你喜欢葡萄沟吗？说说理由。

我最初也考虑过用它作为统领全文的大问题。但在孩子还没有深入了解葡萄沟的时候，如果孩子回答"喜欢葡萄沟"，要么是没有经过认真思考，只是随口答；要么是为了迎合老师。所以这样使用这道题，显然是不合适的。

然后我又看课文，目光停留在了最后一句：葡萄沟真是个好地方。

眼前一亮。

"作者为什么说'葡萄沟真是个好地方'？"与"你喜欢葡萄沟吗？"对比，前一句更适合做"大问题"，即文章的"文眼"（我自己命名的）。

前者是让孩子以作者的视角，去文中寻找葡萄沟好在哪里，没有"强迫"孩子必须喜欢；后者更侧重于孩子的个人体验，孩子喜欢或不喜欢，都可以。

有了这个大问题，就能够让孩子进入文本中，让他／她从字里行间去发现葡萄沟的"好"，这就带有探究性质，避免了孩子在老师的带领下学习一个个自然段，被告知：葡萄沟真好呀！

顺着这个大问题再去读课文，会发现答案挺清晰的。

葡萄沟好在哪里？

第一，水果多。五月有……，六月有……，七月有……。

第二，风景美。你看，葡萄种在大山坡的梯田上。梯田，美不美？你看，茂密的枝叶向四面展开，就像搭起了一个个绿色的凉棚。美不美？你看，葡萄一大串一大串地挂在绿叶底下，……五光十色，美丽极了。美不美？（此段可配合适的图片，让孩子感受"梯田""葡萄藤"等的美）

第三，葡萄多，葡萄干甜。"这里生产的葡萄干颜色鲜，味道甜，非常有名。"

第四，人民热情好客。"热情好客的维吾尔族老乡，准会摘下最甜的葡萄，让你吃个够。"

老师心里有了答案，课堂上，就尽管让孩子们去找吧！那种发现的惊奇，也是学习的快乐。

4

有了前面的理解和定位，就可以进入教学环节的设计了。

题目上的"沟"字可以作为引入教学的一个切入点。

可以先出示一个"勾"字，它本作"句"，是弯曲的意思。再出示孩子们常见的作业本上的"对勾"，让孩子观察到，"勾"形底部低。那么"沟"为什么有三点水？因为地势低的地方下雨后容易积水，所以就把地势低的地方称为"沟"。

这时再把题目补充完整——葡萄沟，它是一个地名，为什么叫"葡萄沟"呢？因为它是火焰山山谷最大的一个沟谷（地势低）。如果能找到合适的地图让孩子看一下更好。这样，孩子既学习了并且会认字"沟"，又借它让孩子理解了地名的由来，这就是随文识字的作用。

接下来就是让孩子"把课文读通顺、读流利"这个基础的课文学习目标了。可以动用教师范读、学生自读、检测读等方式，确保孩子达成这个目标。

在此基础上，就可以抛出大问题了：为什么作者说"葡萄沟真是个好地方"？去文中找答案吧。

孩子找，老师反馈。找得对，带着孩子理解，在理解的基础上指导朗读，在读中再次体会葡萄沟的各种好（水果多，景色美……）。在这样的师生互动中，课文的深度学习就完成了。

这部分会有很多的课堂生成，非常考验老师的教学技巧。

在理解课文的过程中，有几个字是可以随文识的，比如多音字"好"，文中的词语是"热情好客","好"读四声时是喜欢、喜爱的意思,可以问孩子:你从哪些语句中看出维吾尔族老乡热情好客?孩子就会找到"准会摘下最甜的葡萄,让你吃个够"。

"干"读一声的时候,表示没有水分或水分少,就可以结合葡萄干制作的过程让孩子在理解的基础上记住这个读音。

这都是随文识字的方法。

文中还有一个气泡框:"联系上文,我知道了'五光十色'的意思。"

一定要老老实实地让孩子联系上文理解啊!一定不要脱离文本去讲这个词。"联系上下文理解词语的意思"本就是一种学习能力,是需要有意训练的。

上文是什么呢?"有红的、白的、紫的、淡绿的",这就是"十色"啊!那哪里来了"五光"呢?因为它们在太阳的照耀下,不同颜色的葡萄反射出不同的光,所以是"五光"。美不美?美!来,读出它们的美!

"五"和"十"都是虚词,表示颜色多,有些年轻伙伴和孩子一样傻乎乎地把它坐实:五种光,十种色彩……这样的低级错误,咱不犯!

课文讲完了,孩子们由衷感慨:葡萄沟真是个好地方呀!

那么,孩子们,像葡萄沟这样的好地方,我们国家还有很多!这个单元里的鹳雀楼(《登鹳雀楼》)、庐山(《望庐山瀑布》)、黄山(《黄山奇石》)、日月潭……都是我国的好地方!你还去过中国的哪些好地方?

孩子畅所欲言之后,师生一起感慨:中国真是个好地方呀!爱国主义情感是不是就培养了?

5

再回到课后题:"你喜欢葡萄沟吗?说说理由。"

这样深入地分析和理解课文了之后,应该所有孩子都会喜欢葡萄沟,也能说出充分的理由。

但万一,还有孩子不喜欢葡萄沟,怎么办?

可以听听孩子的理由,也许真是合情合理呢!

(不过,如果考试卷上有这道题……你还是回答喜欢吧!乖!)

应似飞鸿踏雪泥

窗外飘起今冬第一场雪。

恰逢我前日主动请缨,向语文小伙伴们要了几节晨诵课,今晨在五年级"齐天大圣"教室上了"农历的天空下"之"苏轼课程"的第一首诗——《七律·和子由渑池怀旧》,就借着雪的瑞气,敲些文字以作纪念。

1

说来惭愧,我是个历史小白,而且并非痴迷古诗词之人。

最喜欢古诗词的时候,应该是中学时期,语文课本后面附了一些诗词,老师也不讲,但是自己翻到的时候莫名地被一些诗句打动,比如,"前不见古人,后不见来者。念天地之悠悠,独怆然而涕下"。也许是因为青春寂寞,十几岁的人生还没有一"知己"可以得之足矣,于是那种"前不见古人,后不见来者"的苍茫孤独,使年少的我隔着漫漫岁月,与作者共鸣了。

不知是不是人到中年的缘故,最近每次听晨诵,听到古诗词时,我总是随着关键注释疏通诗意后,便不自觉地在想象中置身于诗人写下这些诗句的时刻,再通过诗歌创作的背景,不由得走进了诗歌里去。

年轻时,除了苏轼的《江城子·十年生死两茫茫》,很少有诗歌能让我这么感同身受。

2

淡烟老师发给我的晨诵 PPT 里,有三首诗(词):《水调歌头·明月几时有》,苏辙的《怀渑池寄子瞻兄》,以及今天要学习的《七律·和子由渑池怀旧》。

通过了解,我知道了第一首词是为了引出苏家二兄弟的深厚情谊,因为以前在"月亮课程"中学过,所以它起到借旧知"导入新课"的作用。这个可以在课堂上用三言两语带过。

而第二首《怀渑池寄子瞻兄》则不仅要交代写诗的背景,还要帮孩子梳通诗意,以便在学习新诗时能与之相"和"。这是我在备课的过程中确定的想法。

PPT 无论从美观还是教学内容的角度,都已经做得不错了。但是我依 PPT 去梳理上课流程的时候,还是不太顺畅,有些关键处没打通,孩子就不能更好地理解这首诗,也难以理解诗人通过诗歌所表现出的达观、开阔的精神。

于是,在查了一两个小时资料之后,我决定大刀阔斧地再对 PPT 进行些修改。

3

按照我上课的环节,把备课的思路一并放进去,小记于此。

苏氏兄弟,情深谊厚

苏轼课程主题"一蓑烟雨任平生"出示之后,《水调歌头》呈现在屏幕上。

很多人以为这首诗是苏轼写给恋人的，因为"但愿人长久，千里共婵娟"嘛。但这首诗其实是写给他弟弟的，你瞧，小序中说：丙辰中秋欢饮达旦，大醉作此篇，兼怀子由。这是写给"子由"的。

子由是谁？苏轼之弟苏辙，唐宋八大家之一。他和苏轼是兄弟，是师生，是诗词唱和的良友，是政治上荣辱与共的伙伴，是精神上相互勉励安慰的知己。

所以，在苏轼的墓志铭上，苏辙写道：抚我则兄，诲我则师。

苏轼也写过：嗟予寡兄弟，四海一子由。足见兄弟情深。

而且，在他们的诗集中，很大一部分是他们的"互答诗"，你一言我一语，你一唱我一和，苏轼一生漂泊，几乎每到一个新任所就会给子由寄诗，晚年被贬谪时尤甚。

在这些"互答诗"中，有一对诗产生于这样一个故事。

理解"原诗"，为学习新诗做准备

苏辙19岁时，曾被任命为渑池县主簿，未到任即中进士，故未上任。后来他与苏轼赴京应试路经渑池，同住县中僧舍，同于壁上题诗。

1061年冬，25岁的苏轼赴陕西凤翔做官，苏辙送苏轼至郑州，分手回京（现位于开封）。苏辙欲作诗寄苏轼，从郑州到陕西的路上又要经过渑池，因而作《怀渑池寄子瞻兄》。

怀渑池寄子瞻兄

［宋］苏辙

相携话别郑原上，共道长途怕雪泥。

归骑还寻大梁陌，行人已度古崤西。

曾为县吏民知否？旧宿僧房壁共题。

遥想独游佳味少，无方骓马但鸣嘶。

因为这首诗是孩子今天要学习的新诗的背景，而且之前也没有见过，所以既需要疏通诗意，又不能花太多时间讲解（否则后面的新诗就没有教授时间了），我就读一句诗，再翻译成通俗易懂的白话，让孩子大致理解了这首诗。

咱们兄弟今天在郑州的郊外道别，共同担心的就是怕前路太艰难。（那时候没有汽车没有高铁，只能骑着驴一步一步地向前走。）在这个肃冷的冬季，最难走的路就是雪化了之后的雪泥地呀！

我骑着马回头看看，我还在大梁（位于河南省开封市西北）的田间巡行，想来远行的家兄已经翻过崤西古道，到了渑池了吧？

渑池对我们来说是有故事的地方呀！我曾经被任命为渑池主簿，不知道百姓知不知道？我还和父兄歇宿僧房共题壁诗。

遥想兄台独行一定旅途寂寞，前路迷茫只能听到骓马嘶鸣。

学习新诗

"原诗"有了，也理解了，下面就进入重点，学习这节课的新诗《七律·和子由渑池怀旧》。

我先出示了一张PPT，让孩子一眼看出，苏轼是在与原诗的韵脚完全相同的基础上"和"出了这首千古流传的名诗，对诗人的才华先行敬佩。

怀渑池寄子瞻兄

[宋] 苏辙

相携话别郑原上，共道长途怕雪泥。
归骑还寻大梁陌，行人已度古崤西。
曾为县吏民知否？旧宿僧房壁共题。
遥想独游佳味少，无方骓马但鸣嘶。

七律·和子由渑池怀旧

[宋] 苏轼

人生到处知何似，应似飞鸿踏雪泥。
泥上偶然留指爪，鸿飞那复计东西。
老僧已死成新塔，坏壁无由见旧题。
往日崎岖还记否，路长人困蹇驴嘶。

然后，我单独出示《七律·和子由渑池怀旧》，配乐范读。孩子再练读，此读目的是读准字音，读通诗句，为下一步深入学习做准备。

接下来，就进入前四句诗歌的学习。这四句不难理解，但是是千古流传的名句，我自动把它作为一个小重点。

"人生到处知何似"，"到处"为"所到之处"之意，这句话的意思便是：人生所到之处到底像什么呢？

作者自问之后又自答："应似飞鸿踏雪泥。"

我将"雪泥"二字标红，问孩子："为什么作者在这里会用到这两个字？"

"因为上一首诗里提到了这两个字。"有孩子很快回答。

是呀，弟弟你的诗中提到了"雪泥"，哥哥我就也用"雪泥"来打比方，这才是真正的"和"呀!

那么这句话是什么意思呢?孩子们不能准确地表达,但七嘴八舌中,说得也八九不离十——就像飞鸿踏在雪泥上。理解到这儿,就够了。

"泥上偶然留指爪",为什么是"偶然"呢?

"因为它没有目的,是在随意飞。"很快又有孩子回答。是的,它没有对它的飞行路线进行规划——"我"要先落在房顶上,再落到那根树枝上,再停留在那块石头上……"我"无目的地、随意地在飞,所以"我"的脚印("指爪")就是偶然留下的。

"鸿飞那复计东西","那"在这里是"哪"的意思,"复"是"又、还"的意思。那"计"是什么意思呢?哦,原来是"计较、在意、留恋"的意思。

鸿雁飞走了,哪里还会计较(留恋)它曾在什么地方待过呢?!

> 相携话别郑原上,共道长途怕雪泥。
>
> 人生到处知何似,应似飞鸿踏雪泥。
> 泥上偶然留指爪,鸿飞那复计东西。
>
> 计较,留恋,在意
>
> 人生所到之处像什么呢?应该像是飞鸿踏在雪地上。雪地上偶然留下指爪的痕迹,鸿雁飞走后,哪里还会计较脚印留在何处呢?

接下来再问:"这些指爪的痕迹应该被计较或留恋吗?"

孩子进入了思考中。应不应该呢?其实有时候,一些问题并不需要孩子明确地回答出来,只要思考就够了,当"谜底"呈现时,他们自然会有恍然大悟的感觉。

但是还是有两个孩子喃喃自语:不应该。

哦?为什么不应该呢?

"因为如果它留恋的话，就不能到更自由、更广阔的世界里去了。"说得多好呀！是的，若是飞鸿，又何必惦记雪泥中痕迹如何呢？若总惦记着那些消失的痕迹，又怎么可能成为飞鸿，自由地飞翔呢？

生命是无常的，我们每个人的一生中都充满了偶然。不必把自己局限于某一事、某一地之中，用顺其自然的态度去对待人生，我们便能获得更多的自由、洒脱。分离是人生常态，永远相守才是奢望。所以，苏轼在告诉子由，不必因分离而过于悲伤。

至此，完成此诗前四句的学习。

如何过渡到后半句？我用了这样一句话：我们兄弟俩也像"飞鸿"一样，在"雪泥（人生路）"上留下了我们的"指爪（痕迹）"。

那我们留下的"指爪"是什么呢？这个问题再度让孩子思考。

我给了一个提示：弟弟给哥哥的诗，题目是《怀渑池寄子瞻兄》，我们在哪个地方留下了痕迹？孩子很快找到——渑池。

那么在渑池留下了什么样的痕迹？"旧宿僧房壁共题。"

> 我们兄弟俩也像"飞鸿"一样，在"雪泥（人生路上）"留下了我们的"指爪（痕迹）"。

怀渑池寄子瞻兄
【宋 苏辙】
相携话别郑原上，共道长途怕雪泥。
归骑还寻大梁陌，行人已度古崤西。
曾为县吏民知否？旧宿僧房壁共题。
遥想独游佳味少，无方骓马但鸣嘶。

是的，曾经我们在县寺中住宿，在僧房的墙壁上题诗，这是我们的"指爪"。现在，这些"指爪"还存在吗？由此问，引出后半首诗的前两句：老僧已死成新塔，坏壁无由见旧题。

曾经接待我们的老和尚已经去世。人已经不在了，留下的是一座新的墓塔。而我们曾经题诗的庙墙也已经毁坏，哪里还能找到我们留下的痕迹。

可是，真的什么都没有留下吗？又一个问题抛出，片刻之后，有孩子回答："留下了回忆。"

对！留下了回忆！留下了什么回忆？最后两句诗呈现出来："往日崎岖还记否，路长人困蹇驴嘶。"

我初读这首诗时，觉得最后两句写得太悲凉了，不符合苏轼乐观豁达的性格呀！怎么会这么结尾呢？但是当我再看苏辙的诗时，就明白了其中的"奥秘"，于是，带着我的阅读体验，也通过一个问题引导孩子去发现这样一个秘密。我的问题是：作者是在说当时很苦吗？

我发现我的每个问题都不好答，都需要孩子动脑筋思考。

在他们满目疑惑时，我出示了弟弟子由的这句诗："遥想独游佳味少，无方骓马但鸣嘶。"现在，哥哥你是"独游"哇！在我的想象中，你"独游"是多么寂寞，是"佳味少"呀！那么，"往日崎岖还记否，路长人困蹇驴嘶"时，我们兄弟是在一起还是不在一起？

"在一起。"孩子说。

是的，"在一起"。所以，我品尝到了"佳味"；所以，虽然路途崎岖漫长，虽然我们经历了各种艰辛，"指爪"也已无迹可寻，但我们兄弟俩同骑毛驴共赴前程的情景，却是我们珍贵的、美好的回忆呀！

泰戈尔有诗云：天空没有留下鸟的痕迹，但我已飞过。

> 老僧已死成新塔,坏壁无由见旧题。
> 往日崎岖还记否,路长人困蹇驴嘶。
>
> 遥想独游佳味少,无方骓马但鸣嘶。 （作者是在说当时很苦吗?）
>
> 虽然路途崎岖漫长,我们经历了各种艰辛,虽然"指爪"已无迹可寻,但我们兄弟俩同骑毛驴共赴前程的情景,就像生命中最珍贵的画面之一,深深地刻写在了我的心底,成为我美好的记忆。
> "天空没有留下鸟的痕迹,但我已飞过。"（泰戈尔）

全诗学完之后,一段话为结。

年轻的苏轼,还没有经历人生的苦雨终风,但是内心强大、达观的人生底蕴已经在诗中表露无遗:人生到处知何似,应似飞鸿踏雪泥。

这飞鸿,是"燕雀安和鸿鹄之志"的高远境界,是接受命运的偶然,不"计东西",始终能够振翅高飞的潇洒旷达。是将每一个消失的"指爪"都当作人生财富的智慧和豁达。

这就是苏轼。终其一生都在路上的他,始终不放弃理想,但又不拘泥于现实,总能超然物外。

最后,孩子再次齐读诗歌。本次晨诵课结束。

4

这次晨诵上了 24 分钟。因为有两首长诗,且需要互为对照着来学习和理解,所以虽然比一般的晨诵多上了 4 分钟,却仍显紧张。主要体现在不能给孩子时间充分地读诗上。

24分钟的晨诵，算下来，我备课的时间超过五个小时。动手修改PPT之前，查找资料，是确定"教什么"；修改PPT的过程，是确定"怎么教"。前者是从海量资源中提取信息，后者是"技术"。每想到一个"妙招"，实现"技术"上的突破，能紧扣诗歌本身让孩子深透地理解诗歌，我都觉得是备课中的小确幸。

雪还在下。

【说明】此设计以"农历的天空下"课程组的课程资源为基础进行的修改，特别鸣谢淡烟老师以及课程组的小伙伴。

以终为始的习作单元教学
——三下第五单元教学实践及设想

上周，三年级语文小伙伴们给我布置了一个任务，让我讲一节课，示范一下怎样使用预习单。

我爽快地答应下来——每一次看似帮助他们，实际上也是自我提升的一个机会。

他们给我的是三下第五单元的第16课《宇宙的另一边》。打开教材，发现这是个以"想象力"为大概念的习作单元。一个单元只有两篇课文，另加两篇习作例文。

我读了第16课之后，觉得此课使用预习单的必要性不大。两道课后题认真处理一下，足够了。因为这个单元的核心目标是习作，课文的教学最好也指向核心目标。

参考着"老干备课"中干国祥老师对这一单元的分析（看了干国祥老师发给我的PPT），我大致梳理出了教学思路——我只有一节上课时间，在教学第16课之前，我必须对这个单元有一个系统性的梳理，帮助孩子明确学习目标，掌握学习方法。

我认为，这比讲第16课更重要。

今天早上第一节课，我带着几张可有可无的PPT，在"向阳花"教室上了这一课。(少用 PPT,一直是我备课的原则。)

一、单元整体分析

1. 明确"写作单元"

简单问好之后,我出示目录页,请孩子们观察:这个单元与其他单元有什么不同?

孩子们说,它是一个习作单元。

我追问:什么叫习作单元?

孩子说,就是学完后要完成一篇习作。我又问,其他单元也都有习作,为什么这个单元是习作单元,其他的就是普通的单元呢?

这个问题激发孩子更深入地思考。

在孩子们回答后,我又做了总结:这个单元的目标比其他单元更明确,就是要通过两篇课文和两篇例文等内容的学习,让你掌握写作方法,教会你以"奇妙的主题"为想象完成一篇习作,它的目标更明确,更有指向性。

然后,我又带孩子回顾:"三年级上学期也有一个习作单元,你还记得是以什么为主题的吗?"

有孩子想起来,是以"观察"为主题的。

2. 明确具体目标

那这个单元是以什么为主题的呢?想象。

这时候,让孩子直接看"习作页",就是本单元的具体目标。

读一读习作提示:在想象的世界里,什么都可能发生,一切都变得那么奇妙……

下面给出的题目也一定会激发你无穷的想象。看到这些题目,你有什么感觉?一个孩子说:"它们都是拟人的。"我给予了肯定,并告诉孩子们:我们读了很多童话故事，它们大多是用拟人的手法，用想象的方式写出来的。

再次明确：我们要通过这些提示，来完成一篇以想象为主题的写作。

3. 通过单元页把握大概念和语文要素

目标明确了，开始进入这个单元的学习。

先看单元页。单元页主要有以下内容。

想象力比知识更重要。

——［美国］爱因斯坦

走进想象的世界，感受想象的神奇。

发挥想象写故事，创造自己的想象世界。

第五单元……………………59

16　宇宙的另一边…………60

17　我变成了一棵树………63

◎习作例文：

　　一支钢笔的梦想………67

　　尾巴它有一只猫………68

◎习作：奇妙的想象………70

然后，让孩子读爱因斯坦的这句话：想象力比知识更重要。

问孩子们："你同意这句话吗？想象力真的比知识更重要吗？"

孩子自然是认同的。

有的说，没有想象力就写不出一本书。

有的说，要成为作家需要想象。

有的说，做科学实验需要想象。

……

三年级孩子的表达能力还有限。在他们自由表达的基础上，我又总结：想象力就相当于创造力，有了想象，科学就可以发展了，社会就可以进步了。还顺口举了例子——以前，人们想象自己可以在天上飞，后来就发明了飞机，实现了这个愿望。

所以，想象力、创造力比知识还要重要。咱们小孩子是最具有想象力的，一定要保护自己的想象力。

再出示箭头和放大的阅读要素：走进想象的世界，感受想象的神奇。这可以说是一个学习的子目标。

那么，我们通过什么来走进想象的世界，感受想象的神奇呢？

孩子说：通过学习课文。

我出示右下角的目录框，肯定孩子的回答：是的，本单元的课文和例文就为我们提供了学习的素材。

4. 理解"想象"

在走进本单元的课文之前，老师先给大家讲讲什么叫想象。然后告诉孩子："烧脑"的（东西）来了——

想象

《韩非子·解老》："人希见生象，而得死象之骨，按其图以想其生也。故诸人之所以意想者，皆谓之象也。"

似古有"象"无"像"。然"像"字未制以前，想像之义已起。故《周易》用"象"为"想像（想象）"之义。

这是从干国祥老师的PPT上直接拿过来的。我觉得很有意思，孩子们一定也会觉得有意思。

我先把第一段文字生动地读了一遍，问："蒙了吧？"跟孩子开个玩笑也挺好玩的。然后我就用白话把这段话解释了一下：人们很少见到大象，只见到了死象的骨架，就按骨架的样子去想象大象长啥样——有多大呀，多高呀，哪里是身体，哪里是头，哪里是牙……所以，人们就把通过脑子想出来的这种行为，称为"想象"。

我又叮嘱孩子，"想象"是正确的，"想像"是不对的。这样，孩子写"想象"的错误率是不是更低了？

5. 想象的类型

讲完"想象"这个词，我又出示了一页PPT，告诉孩子想象以结果分类，常见的有三种类型：无中生有式、心想事成式和规则重写式（违反规律式）。这也是借鉴了干老师的分类。

想象的三种类型

◆ 无中生有式
◆ 心想事成式
◆ 规则重写式（违反规律式）

　　第五单元……………………59
　　16　宇宙的另一边…………60
　　17　我变成了一棵树………63
　◎习作例文：
　　　一支钢笔的梦想………67
　　　尾巴它有一只猫………68
　◎习作：奇妙的想象………70

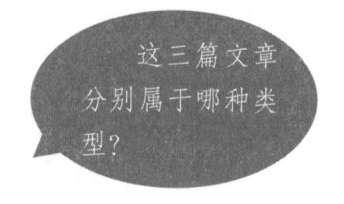

（这三篇文章分别属于哪种类型？）

然后我把两篇课文和一篇例文画上线，提出问题：这三篇文章分别属于哪种类型？

我说："你们三年级了，我觉得这几种类型的大致意思你们应该能够理解。请你默读这三篇文章后，回答这个问题。"然后，就把时间给孩子，让他们默读。

大约八分钟后，孩子们读完，开始回答问题。

有的把《宇宙的另一边》划为"心想事成式"，理由是宇宙的另一边夏天可能会下雪；有的说《宇宙的另一边》是"规则重写式"，因为作者想象的宇宙的另一边是违反规律的；也有的说《宇宙的另一边》是"无中生有式"，因为本来就没有"另一边"……

我肯定孩子们的认真思考。然后出示了三种类型的详细解释——

无中生有式：改造或凭空想象出一个东西（可以是器具、生物、矿物等），一个世界。

心想事成式：想象一般现实中不存在的经历，通过自己的改变拥有某神奇之物，实现在现实生活中不能实现的愿望。

规则重写式：这是更高的想象力，它可以是改变社会规则，也可以是改变自然规则。

一字一句地给孩子读过后，让孩子再次辨析:《宇宙的另一边》到底是哪种类型？孩子们更肯定地说是属于"无中生有式"，它是凭空想象出的一个世界。

有了对比，孩子们立刻明白，第17课的《我变成了一棵树》属于"心想事成式"。我把文章中的一句话给孩子们读了一下："假如我变成了一棵树，就没有人叫我吃饭了。"然后他果然实现了愿望，在现实生活中完成不了的事通过想象完成了，所以"心想事成"了。

那有没有"规则重写式"呢？孩子们回答《尾巴有一只猫》是这种类型。原本猫是主体，在这篇文章中，尾巴变成了主体，规则被重写了。

那另一篇例文《一支铅笔的梦想》属于什么类型呢？留给孩子们课下读一读，确定一下。

6. 想象的特点

下一个环节，我设计的是让孩子明白"想象的特点"是什么。（在课堂上因为惦记着第16课的教学任务，先让孩子读第16课了。如果在自己班级上课，时间从容的话，这个顺序可以不变。）

想象的特点是什么？

孩子一时答不到点上。我再次出示单元页的阅读要素和习作主题，让孩子捕捉神奇、奇妙这两个词语，让孩子明白：想象的特点是"奇妙（神奇）"。

那么，怎样才能写出想象的特点呢？

我再拎出习作指导中的一句话：要大胆想象，创造属于自己的想象世界。引导孩子聚焦"大胆"两个字。

想象的特点是什么？

奇妙（神奇）

怎样写出想象的特点？

大 胆

"奇妙"和"大胆"是我确定的两篇课文的重要学习价值。

习作例文更贴近孩子的生活，对写作能力还不够强的他们来说更易于模仿，所以才叫"例文"。用教参上的话讲，它不应被当作略读课文来讲，而是要当作工具来用的。

那么两篇精读课文比例文要更高一个层级，要通过它们来让孩子感受人文主题——想象。通过大胆的想象来构造一个神奇（奇妙）的世界。这两篇课文的教学也应该围绕着这个目的来教。

二、《宇宙的另一边》学习要点

前面的内容大概需要半个小时。后面学习具体课文我就不再详述课堂环节，只把大致流程说一下。

学习课文，基础目标是把课文读正确、读流利。所以刚开始，要让孩子自读课文，完成这个目标。

然后以课后题切入对课文的深入理解：课文《宇宙的另一边》中有哪些秘密？用自己的话说一说。

让孩子一个自然段一个自然段地找。刚开始孩子不会用自己的话说，一不小心就照着原文读了。老师慢慢示范、引导：

"我"拿出作业本的时候，他——

"我"上楼的时候，他——

这边冬天下雪，那边——

……

那边的加法好神奇呀，你来读一读——

那边的乘法也好神奇呀，你来读一读——

那么，作者写"加法"和"乘法"的部分，与前面写另一边的"他"在做什么的部分相比，你觉得哪部分更神奇？

孩子们一致认为前者更神奇。

"这部分写得更神奇，说明作者的想象更——"

"大胆。"

后面还有一个特别大胆的想象：要写一篇风的习作，就得——

孩子接读。

这样，把"神奇""大胆"这两个与大概念高相关的要素在学习课文的过程中一次次夯实，让孩子迁移到自己的习作中：要想写出神奇的想象，就必须大胆想象。

讲"加法"和"乘法"的时候，可以让孩子把相关的两个自然段多读几遍，一是诗句多，美；二是作者的想象也是有逻辑的，要让孩子仔细体会一下。这里还可以拓展，宇宙的另一边，"减法"和"除法"是怎样的呢？

再处理最后一道课后题：想象一下，宇宙的另一边还会有些什么？

让孩子大胆想象，大胆表达，跟同学们交流。这是一次想象力的练习，老师可以根据孩子们的回答进行及时反馈。

生字学习不再赘述。

三、其他内容的教学

第17课也是在孩子读熟课文的基础上，利用课后题让孩子深入学习课文。因为课后题就是"说说你觉得哪些想象有意思"，孩子在说的过程中就能体验想象的奇妙，会对他们的写作有一定帮助。

最后说说习作指导吧。

前面出示的三条想象的类型非常重要，它是孩子们习作时的"抓手"。

你看干国祥老师的几张PPT——

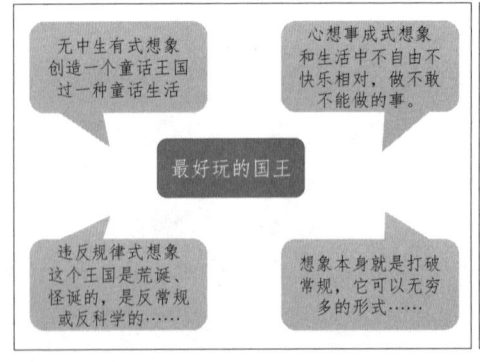

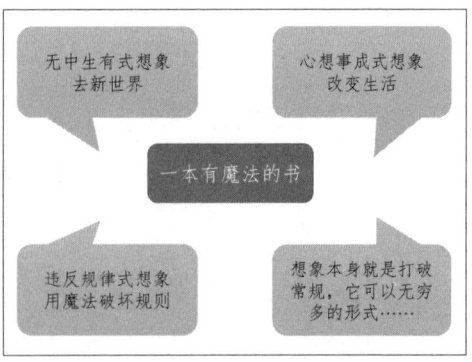

最好玩的国王	一本有魔法的书
无中生有式想象：创造一个童话王国，过一种童话生活	无中生有式想象：去新世界
心想事成式想象：和生活中不自由不快乐相对，做不敢不能做的事。	心想事成式想象：改变生活
违反规律式想象：这个王国是荒诞、怪诞的，是反常规或反科学的……	违反规律式想象：用魔法破坏规则
想象本身就是打破常规，它可以无穷多的形式……	想象本身就是打破常规，它可以无穷多的形式……

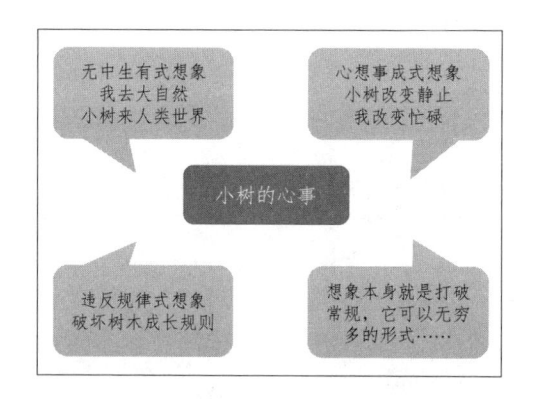

```
┌─────────────────────────────────────────────────┐
│   无中生有式想象          心想事成式想象          │
│   我去大自然             小树改变静止            │
│   小树来人类世界          我改变忙碌             │
│                                                 │
│              ┌──────────┐                       │
│              │ 小树的心事 │                      │
│              └──────────┘                       │
│                                                 │
│   违反规律式想象          想象本身就是打破        │
│   破坏树木成长规则         常规，它可以无穷       │
│                          多的形式……             │
└─────────────────────────────────────────────────┘
```

看明白了吧？每一个小主题都可以用三种想象类型来创编一个故事，孩子有了这样的抓手，有了前面课文的学习和例文的示范，写作是不是就变容易了？

"语文园地"怎么教？
——以二下"语文园地二"为例

上午听了一节二年级的推门课，老师讲的内容是"语文园地二"。还得是推门课，平时的教研课是很少有以"语文园地"作为教研内容的。

评完课后，借机梳理一下自己对"语文园地"的浅见。

本文包含以下三方面内容：

1. "语文园地"的定位或价值；
2. 以二下"语文园地二"为例；
3. 中高年级"语文园地"的另类教法。

"语文园地"的定位或价值

很多老师教了很多年语文，一直在"用教材"，而很少去思考教材为什么这样编排。比如，为什么每个单元后面都要有一个"语文园地"（印象中早些年其他版本的教材中也有类似的"百花园"）？它的作用到底是什么？

当我打算以"语文园地"为主题写这篇文字时，我首先想到的问题就是，"语文园地"在教材中的定位或价值是什么？

一个单元的学习总结？

考试知识点的汇总？

语文综合素养的夯实？

……

好像都有，又好像不全面。于是，我就把问题抛给 AI，从一大段回复中梳理出以下几点：

1."语文园地"是学生学习和检测的重要内容，很多教研员和教师都会从"语文园地"的内容中选取试题，用于试卷命题。因此，它的地位不容忽视，对于学生的学习和考试都有着重大的影响。（这是"语文园地"的应试价值，也是"语文园地"教学时需要落地的东西。）

2. 丰富语文学习内容：通过多样化的栏目和活动，如"识字加油站""我的发现"等，为学生提供了丰富的学习资源和实践机会，使语文学习变得更加生动有趣。

3. 承担特殊教学任务：例如实践活动范畴，通过活动—实践—活动等特殊的教学任务，让学生在参与中提升语文素养，培养实践能力和创新精神。

4. 促进学生全面发展：通过阅读、写作、讨论等多种方式，促进学生语言、思维、情感的全面发展。

"语文园地"怎么教？我试以二下"语文园地二"为例，谈谈自己的浅薄看法。

二、以"语文园地二"为例

1. 整体规划和课时安排

这个"语文园地"分为六大板块：识字加油站、字词句运用、写话、展示台、日积月累、我爱阅读。

在进行一个单元的教学之前，老师一定要进行单元备课。也就是把一个单元的内容整体做分析研究，合理规划教学安排。（不知道现在还有没有老师是上一课，备一课……）

自然，"语文园地"也是重要的备课内容，到三年级以后的大单元教学时，认真备"语文园地"就更加重要，暂不详述。

那么这个"语文园地"里，"展示台"是可以前置的。就是说，不要等到讲"语文园地"了再让学生写几个字去展示，而是把它融入这个单元的生字教学中。在学完本单元的第一课，写生字之前，可以先让学生翻到"语文园地"，看看"展示台"的要求，在学生写字过程中和写字后进行落实（即规范写字姿势、握笔姿势，展示学生的作业）。写一课、落实一课，讲"语文园地"时就不用再讲了。

根据实际情况，第一课时，我会安排学习识字加油站、字词句运用和我爱阅读三项内容；第二课时，学习日积月累和写话。

嗯，谁说学习非要"按顺序"？

2. 第一课时

（1）识字加油站

教师　工 chéng 程师　mó shù 魔术师　jiàn zhù 建筑师　理发师
yǎn 演员　yíng 营业员　wù 服务员　pàn 裁判员　sì yǎng 饲养员

chéng mó shù jiàn zhù yǎn yíng wù pàn sì yǎng
程　魔　术　建　筑　演　营　务　判　饲　养

> 邻居王叔叔是一名理发师。

我还是主张：让学生多接触课本，不要一开始就放 PPT。

照着课本，读。先把每个词都读会了再说。这是学生与词语（知识）的初照面，是学习的浪漫阶段。

让学生先自读一遍，不会的字借助拼音读（这不也是巩固拼音的一个机会吗）。自读过了，挑学生站起来读，可以先挑学习程度好的学生，再挑中等学生，再挑弱的学生。这个安排，是让前一个层级的学生给后一个层级做示范，增加后层级学生学习的次数。所有学生词语都能读准确了，这道题的第一个教学目标"能正确认读所有词语"就完成了。

然后进入精确学习阶段。问学生：这些词语都与什么有关？（引导学生明白它们与"职业"有关。）有没有哪个词语你不理解，或者说你不知道这个职业是干什么的？

因为这些词语比较贴近生活，大部分学生都能理解，但为了扫除所有障碍，还是要问一下，保证所有学生都明白。如果有学生提出问题，可以先请别的学生帮其解答，若别的学生解答不清楚，老师再出手相助。对，学生能干的事，老师不干，除非需要节省课堂时间。

比如有学生问："什么是工程师？"

学生可能会说："就是盖大楼的。"这时候，老师可以引导学生看"建筑师"这个词，它与"工程师"好像挺像，它们有什么区别呢？

你是不是也说不清楚？哈哈，可见备课的重要性呀！我专门上网搜索了一下，但定义太抽象了，二年级小娃肯定不懂。只好请教了从事这方面工作的朋友，让他用最简单的话概括一下，答案是：建筑师主要是负责设计的，工程师主要是负责施工的。

嗯，我觉得给二年级小娃讲到这个地步就可以了。

为了检测学生是否理解了这些词语的含义，老师可以出示一些相关的图片，让学生连线。这就用到PPT了（能不用的时候尽量不用，让学生多看课本）。但是连线的过程中，还是要让学生把词语多读几遍，在语境中浪漫识字，毕竟这道题的目的是让学生识字。

连线后，再引导学生发现：第一行的职业名称中都有一个"师"字，第二行都有一个"员"字，你还能想到带有"师"和"员"，且与职业相关的词吗？

心理师、化妆师、心理咨询师、快递员、程序员、通讯员，等等，根据回答的情况，教师肯定或补充。

这道题中还有一个气泡框，上面是"邻居王叔叔是一名理发师"。这是为了让学生应用这些词语（任何学科，都要注重知识的迁移和应用，这已经成为学习的一条重要法则），引导学生用任何一个词语说一个句子就可以了。这是学习的综合阶段了。

从语文学习来说，大到一篇课文的学习，小到一道小题的讲解，通常都遵循着"浪漫—精确—综合"的过程，这是符合人的认知规律的。

最后，一定要对学生的识字情况进行检测，就是出示以下字。

程　魔　术　建　筑　演　营　务　判　饲　养

因为学生在学习词语时（在语境中）对这些字已经比较熟悉了，让他们借助书上的拼音再读一读，最后单独出示这些不带拼音的字（可以做一页PPT，顺序打乱）进行检测。学生会了，这道题才是讲完了。闭环意识，非常重要。

（2）字词句运用

○照样子说一说，再把自己喜欢的景物写下来。

田野
葱葱绿绿的
像一片柔软的绿毯

天上的云
雪白雪白的

好像一群小绵羊（mián）

大树
又粗又壮
就像……

这是第一道题。

老师备课，一定要一字一句地读题目：照样子说一说，再把自己喜欢的景物写下来。

关键词："样子""说""写"。

既然让照样子写，就一定要先帮学生把"样子"分析透了，学生才知道怎样下笔写。

来，先把样子读一读。让学生读，老师不要太勤快，如果你读了，学生就丧失了一次练习朗读的机会。

读完了，那"样子"是什么呢？分析——

田野
葱葱绿绿的
像一片柔软的绿毯
……

（诗歌的三小节结构相同）

老师引导着学生抽象出：

田野——景物或事物

葱葱绿绿的——景物或事物的样子
像一片柔软的绿毯——像什么

天上的云
雪白雪白的
好像一群小绵羊(mián)

大树
又粗又壮
就像……

这时候学生就可以说了。先让学生把第三小节补充完整，再确定其他"景物（或事物）"，练习说话。老师可以给学生提示两个"景物"，比如"柳条""妹妹的眼睛"，等等。

有了充分的说，等这节课讲的任务全部完成后就可以练习写了。不把写的环节放到讲课中间，是为了节约时间。教过低年级的都懂，你让学生写个什么，这个写两个字了，那个本子还没找到；这个写完了，那个有的字不会写被难住了……学生进度参差不齐，严重影响后面的教学环节，所以干脆都放到后面练习时再写。

这道题在测试卷中会以什么形式出现呢？对，仿写句子。所以，一定要落实到写，只在课堂上说说是不行的。

好，下一题。

〇读句子，体会加点词语的意思，说说你的发现。

这糕要很多很多人才能做成，一定特别大。

难道它的味道很特别吗？

一块平平常常的糕，经过很多很多人的劳动，才能摆在我们面前。

鼹(yǎn)鼠先生经过狐狸太太家，正巧(qiǎo)，狐狸太太走出门。

这是"字词句运用"的第二道题。仍然先读题目，提炼出题目中的关键词："读""体会""说说"。

备课时老师要认真读题目，课堂上也要引导学生认真读和分析题目，这样可以为学生考试时奠定良好的审题习惯。

这道题就按提炼出的关键词讲就行了。先让学生读读每一句话，体会这个词语的意思，再说（表达）出来。再总结，同一个词语在不同语境中可以有不同的含义，这是"一词多义"。可以另外再补充几个例子。

那么这道题在试卷中会以什么形式出现呢？对，大多是给一句话中的加点词选择合适的词意，所以练习的时候老师就可以出一两道这种类型的题。做题就是学习的最后一环，这个环一定要闭上。

讲完这三道题，基本要用30分钟时间，剩下的时间最好提前设计或找好与这三道题对应的练习题，让学生做一做。因为题少，老师可以即时批改。

如果不做题，可以用剩下的时间把"我爱阅读"处理一下。因为前面的内容需要记忆或思考的比较多，学生已经有些疲倦了，要么换种学习方式——做做题，要么美美地读一读《一株紫丁香》，轻松收尾。

3. 第二课时

（1）先学习"日积月累"

予(yǔ)人玫瑰(méi gui)，手有余(yú)香。

平时肯帮人，急时有人帮。

与其锦上添花，不如雪中送炭。

简单的三句话，但是不仅要让学生会读，还要会背，会写。

教学步骤可以很简单：

第一，读。每个字都读正确。

第二，说说每句话什么意思。老师不要着急出示PPT告诉学生每句话的意思，一定要让学生自己先思考，说一说。学生说得不对、有偏差，老师再纠正。

现在的问题是，老师事先把答案都做到了PPT上，学生只仰着脑袋被灌输就行了。学生精力好的时候能记住些，注意力不集中的时候啥也不知道，课堂上缺乏真正的思维活动，这是听课时（不只是语文学科）最让我揪心的事。

第三，读会了，理解了，搭梯子，背。老师说前半句，学生接背后半句；老师提示前两个字，学生接背后面的……变着花样反复几次，学生就背得差不多了。

第四，最后一步，写。一定要写啊！虽然不一定这个时候写，但这节课讲完后要用其他时间让学生练习。只会背不会写，测试仍然拿不到分。每次测试成绩出来，很多年轻老师挺委屈："我都讲了呀！他们也都会背了呀！"问题是：会写了吗？

（2）写话

照样子，写一写你的一个好朋友。向大家介绍一下：他/她是谁？长什么样子？你们经常一起做什么？

谁	长什么样子	我们经常做的事
张池	他掉了一颗门牙。他的脸圆圆的，笑起来有个小酒窝。	我们天天一起上学，一起回家。我们经常一起打乒乓球。

首先，还是分析题目。

照样子，写一写你的一个好朋友。向大家介绍一下：他/她是谁？长什么样子？你们经常一起做什么？

提取关键词："照样子""好朋友"；"谁""样子""你们""做什么"。

既然是"照样子"，仍然要研究"样子"。表格里的样子，"谁"是一个人，这个人和你是什么关系呢？必须是你的好朋友，而不能是爸爸妈妈或其他人。

"长什么样子"，表格里举了两个特点，那么学生在说的时候也可以说自己好朋友的两个特点。但这两个特点要比较独特，不能说"××长着两只眼睛"。有的老师可能觉得这太简单了，还用讲吗？但是二年级的小朋友真的是会这样写的哦。

"我们经常做的事"，要写的是"我们"，不是他/她一个人做的。因为我们是好朋友，所以这里要写我们一起做的事。表格中给的也是两个例子，所以引导学生也说自己和好朋友的两件事。

确定了"谁"，两个特点，两件事，就可以让学生连起来说一说了。在这之前，老师分析例子时，可以引导学生把表格中的元素连成一段话说一说。

说完之后，写下来。写话教学就完成了。

至此，"语文园地二"的教学就结束了。

三、中高年级"语文园地"的"另类"教法

最后，我再说说我曾用过的中高年级"语文园地"的教法。

几年前，我带三年级。那时我意识到，课堂上，老师过多地讲是很低效的。尤其是"语文园地"这种知识点多，需要训练学生做题能力的教学内容，哪怕老师讲得很好，效果仍然有限。

于是，我尝试着设计"学习单"，在"学习单"上，对学生提出学习要求，指导学习方法，甚至补充相应的资料，在老师讲之前先让学生做，做完后老师再把重点内容讲一讲，其他内容批改一下即可。这样虽然课前老师备课（设计"学习单"）费点时间，但课堂效率高，纪律问题基本也没有，还无形中培养了学生学习的能力。

在这里，把当时设计的几个样例放上来，有心的教师朋友一定能瞧出端倪。

以下为两份"学习单"。

"语文园地二"学习单

姓名：____

一、学法指导：把课本上"我的发现"中的两组句子读一遍，想一想第二句和第一句的不同之处在哪里，然后补充下面的句子。

1. 皎洁的明月高挂在天空中。

_____

2. 小河静静地躺在大地的怀抱里。

_____

3. 夜空中的星星一眨一眨的。

_____

4. 字典教会了我很多知识。

_____

5. 池塘映出了柳条婀娜的身影。

_____

二、学法指导：1.先把课本中的"读读认认"读两遍，重点记一下带拼音的字；2.然后合上书，给下面加点的字加拼音。

清对浊　廉对贪　　　　　功对罪　正对偏
奖对罚　优对劣　　　　　善对恶　勤对懒

三、学法指导：1.先照着课本，将每句诗读三遍。2.读完后再把下面的诗句和诗意各读两遍。3.在题后的横线上将每句诗抄写一遍。4.背会，并试着在最后的横线上背写（可将上面折起来）。

◎ 万壑树参天，千山响杜鹃。（王维）

壑：坑谷，深沟。诗意：千山万壑之中，都是参天的大树，到处响起了杜鹃的鸣叫。

◎ 漠漠水田飞白鹭，阴阴夏木啭黄鹂。（王维）

诗意：宽广无垠的水田上飞过几只白鹭，浓密的树木中传来婉转的黄鹂叫声。

◎ 雨里鸡鸣一两家，竹溪村路板桥斜。（王建）

诗意：雨中有一两户人家传来鸡鸣，小溪两边长满翠竹，乡村的小路越过小溪，木板桥歪歪斜斜。

◎ 穿花蛱蝶深深见，点水蜻蜓款款飞。（杜甫）

诗意：蝴蝶在花丛中穿梭，时隐时现；蜻蜓轻点水面，在江上轻快地飞行。

◎ 池上碧苔三四点，叶底黄鹂一两声。（晏殊）

诗意：池畔点点青苔碧绿鲜翠，林丛叶下黄鹂的啼啭（tí zhuàn）也显得清脆悦耳。

背写：

"语文园地七"学习单

姓名：＿＿＿＿

一、把下面的词语补充完整，并选择合适的词语填在横线上。

（　　）如生　（　　）不舍　（　　）起舞　（　　）有礼

（　　）在目　（　　）是道　（　　）俱到　（　　）日上

（　　）有味　（　　）不绝　（　　）相关　（　　）不断

1. 春天到了，蝴蝶在花丛中＿＿＿＿＿＿＿＿＿＿，美丽极了。

2. 画家徐悲鸿最擅长画马，他笔下的马＿＿＿＿＿＿＿＿＿＿。

3. 夏令营活动结束了，几天来，我和小伙伴们建立了深厚的感情，即将告别，想着以后我们见面的机会不多，我真有些＿＿＿＿＿＿＿＿＿＿。

4. 运城国际不断地迎来参观者，每次他们参观结束时，都会夸赞运城国际的学生像君子一般＿＿＿＿＿＿＿＿＿＿。

5. 就要毕业了，就要离开我亲爱的母校，在这里生活了六年，往事＿＿＿＿＿＿＿＿＿＿，我的心里升起了无比的留恋之情。

6. 有一件事情我一直百思不得其解，于是我就向我们班的"万事通"王宁请教，他给我解释得＿＿＿＿＿＿＿＿＿＿，"万事通"的称号真是名不虚传。

7. 我是小溪流教室的主人，我的所作所为都与小溪流教室的名誉＿＿＿＿＿＿＿＿＿＿，所以我会时刻注意自己的言行，不做有损小溪流声誉的事。

8. 我读书正读得＿＿＿＿＿＿＿＿＿＿，可妈妈非得拉我去外面吃饭，唉，母命难违，我只好悻悻（怨恨、恼怒之意）地去了。

9. 学校、老师、家长都喜欢给我们买书，小溪流教室的图书总是＿＿＿

_____，我们这些小书虫可开心啦！

10. 我最佩服的人就是我们班的张凡，他讲起故事来总是_____，每个故事都特别吸引人！好像他每天吃的不是饭，而是故事似的。

11. 最近我爸爸的事业_____，我对爸爸说："爸，工作虽然重要，但您的身体更重要，要注意休息哦！"

12. 长这么大，我享受着妈妈对我无微不至的关心。她考虑事情总是_____，任何细枝末节都安排得十分妥当。

二、照样子填空。

例：止——企（企业）——趾（脚趾）

郎——廊（画廊）——____（　　）　　直——置（配置）——____（　　）

丁——厅（客厅）——____（　　）　　代——贷（贷款）——____（　　）

力——虏（俘虏）——____（　　）　　分——岔（岔路）——____（　　）

由——届（首届）——____（　　）　　难——摊（摆摊）——____（　　）

三、看拼音，写词语。

qǐ yè	pèi zhì	dài kuǎn	chà lù	láng cái nǚ mào
_____	_____	_____	_____	_____

zǒu láng	kè tīng	fú lǔ	shǒu jiè	míng bù xū chuán
_____	_____	_____	_____	_____

四、读一读下面的诗句，在后面横线上抄写一遍。再根据诗句的意思将选择合适的诗句填在括号里。（只填序号即可。）

1. 海内存知己，天涯若比邻。（王勃）_____

意思：四海之内都有知心朋友，远在天边就好像近在眼前。

2. 海上生明月，天涯共此时。（张九龄）_____

意思：海上生起了明月，天涯都一起共度这个时刻。

3. 久旱逢甘雨，他乡遇故知。（汪洙）_____

意思：干旱了很久后遇上了甘雨，在异国他乡遇到了故乡的知音。

4. 岁寒知松柏，患难见真情。（无名氏）_____

意思：在天气寒冷时才知道松柏的坚强，只有患难时肯帮助你的人，与你之间才有真情。

5. 千里送鹅毛，礼轻情意重。（缅伯高）_____

意思：千里迢迢送你鹅毛，礼物虽然轻，情意却重。

（1）八月十五中秋之夜，远在他乡的舅舅望着明月，端起酒杯，满怀深情地说："___，祝家乡的亲人永远幸福安康！"

（2）小张平时有一帮朋友，经常在一起喝酒打牌，他们都自称是小张的哥们儿。有一年，小张因事急需一笔钱，问这帮朋友张口借钱时他们却都躲得远远的，只有一位小张高中时的同学愿意借给他两万元。他们对这位同学感激涕零，说："真是___呀！"

（3）在上海打工的小王有一次在车站等车时，遇到一位老乡，他们很聊得来，临分别时，老乡说："没想到在上海能遇到你这位老乡，我们还这么聊得来，真是___！以后常联系！"

（4）小刘生病了，亲人都不在身边，深夜他特别想吃一碗馄饨，他就在朋友圈里发了一句话："病中，好想吃一碗馄饨……"朋友小李看到，买了一碗热乎乎的馄饨，从城南跑到城北给小刘送了过来，小刘感动地说："谢谢你，小李！"小李说："没什么，只是一碗馄饨。"小刘说："___，这份情义我记住了！"

（5）大学毕业时，赵杨要与同窗四年的好友分别了，他在毕业纪念册上写上："___，无论今后我们在哪里，你都是我最好的朋友！保重！"

五下第一单元古诗三首：诗人眼里的"童年"

1

部编版语文教材五年级下册第一单元的人文主题（语文要素之一）是童年往事。如果用大概念理解的话，我觉得本单元的大概念应该是"童年"——童年对人一生的影响，童年在人的一生中起到的重要作用。

课文安排了四课，第一课是三首古诗，还有《祖父的园子》《月是故乡明》《梅花魂》三篇课文。

这三篇课文都描写了作者回忆自己的童年，而第一课中的三首古诗则写的是诗人看到并描写出来的别人的童年。

学习古诗，首先要借助注释理解诗意。为了提高学生理解字词的精确性，我使用了魏智渊老师创造的"表格式"理解法。

昼出	耘田	夜	绩麻，
白天出来	（在田地里）锄草	夜晚	（在家中）搓麻线，
村庄	儿女	各	当家。
村子里的	男男女女	各自	有家务劳动。
童孙	未解	供	耕织，
孩子们	（虽然）不会	从事	耕田和织布，
也傍	桑阴	学	种瓜。
也靠近	桑树的树荫	学着	种瓜。

稚子	金盆	脱	晓冰，
充满稚气的孩子	(把)金属做的盆子里	早晨的冰脱下来，	
早晨，充满稚气的孩子，把金属做的盆子里的冰脱下来，			
彩丝	穿取	当	银钲。
(用)彩色的丝线	穿起来	当成	银色的打击乐器。
敲成	玉磬	穿林	响，
当成玉石一样的磬敲起来		(发出)穿林而过	的响声，
		响声穿越了树林，	
忽作	玻璃	碎地	声。
忽然，化作	玻璃玉石(一样)	碎了一地的	声音。

草满	池塘	水满	陂，
绿草长满了	池塘	(池塘里的)水(几乎)溢到了	岸上，
山衔	落日	浸	寒漪。
(远处的)山衔着	(彤红的)落日	浸没	(在)带有凉意的水纹中。
牧童	归去	横	牛背，
牧童		横坐在牛背上(要)回去了，	
短笛	无腔	信口	吹。
(拿着)短笛	没有曲调地	随口	吹着。

在梳理好了基本诗意之后，就可以进入古诗的理解性学习了。

2

教学这三首诗时，老师可以抓住其中的关键词或关键语句，通过关键问题帮助学生走进诗歌里去。关于如何学习课文，魏智渊老师曾概括了三句话：基础知识清单化，语文要素问题化，人文主题生命化。那么，抓住关键词句抛出关键问题，就属于"语文要素问题化"。

这首诗中，最有意思的一句就是"也傍桑阴学种瓜"。

四时田园杂兴（其三十一）
[宋] 范成大

昼出耘田夜绩麻，
村庄儿女各当家。
童孙未解供耕织，
也傍桑阴学种瓜。

为什么学的是"种瓜"，而不是别的？

"全人之美"课程的晨诵诗里有一首惠特曼的诗《有一个孩子向前走去》,开头就是这样几句——

> 有一个孩子每天向前走去,
> 他看见最初的东西,
> 他就变成那东西,
> 那东西就变成了他的一部分……

小孩子为什么会"也傍桑阴学种瓜"呢?因为"昼出耘田夜绩麻,村庄儿女各当家"。未解"供耕织"的童孙看到了村庄儿女的这些行为,就"也傍桑阴学种瓜"了。但是他们真的种得了瓜吗?种不了,只是在兴致勃勃地玩耍而已。

当学生理解了这首诗的表层和深层意思之后,就很容易想象出诗歌所描绘的画面:烈日当空。远处,男男女女在田里挥汗如雨,辛勤劳作;近处,几个孩子在桑树的阴凉下玩着"种瓜"的游戏。他们不仅未解"供耕织",也未解生活的辛劳,正处于无忧无虑的童年时期。在成人看来,"学种瓜"的儿童不仅有趣,其间可能也传达着诗人对乡村生活的赞美和看到孩童稚嫩行为的喜悦。

稚子弄冰

[宋] 杨万里

稚子金盆脱晓冰,
彩丝穿取当银钲。
敲成玉磬穿林响,
忽作玻璃碎地声。

> 对于"稚子"来说,这是不是一件很难过的事?

如果这首诗有一个诗眼的话，一定是题目上的"弄"字。整首诗就写了稚子如何"弄"冰，像是一个叙事性的小故事。讲的时候我觉得仍然可以从最后一句入手——"忽作玻璃碎地声"，这对于稚子来说，是不是一件很难过的事情？学生肯定有的回答难过，有的回答不难过。那就从诗里去找答案。

主人公是"稚子"，他（或他们）先是"金盆脱晓冰"。脱出来之后呢？"彩丝穿取当银钲"，穿起来之后呢？"敲成玉磬穿林响"。经过了"脱""穿""敲"这些快乐之后，突然来了个转折——"忽作玻璃碎地声"。这里的玻璃不是指现在的玻璃，而是指古时候的一种天然玉石，也叫水玉，它落地的声音肯定很好听。那么，稚子会因为冰碎而伤心哭泣吗？我想不会。因为他们肯定知道冰是很容易碎的，尤其在"敲"的情况下，而且不是轻轻地敲，是敲出"玉磬穿林响"之声，所以"碎"是必然的。但他不在乎呀，"冰碎了"对他来说也是一种快乐，是"弄冰"的一部分，是玩耍的一部分。当老师带着学生去这样理解诗歌的时候，学生自然而然地就会在头脑中想象"稚子弄冰"的画面，感受到这份乐趣。

村 晚

[宋] 雷震

> 你觉得这是一个怎样的牧童？你从哪里看出来的？

草满池塘水满陂，
山衔落日浸寒漪。
牧童归去横牛背，
短笛无腔信口吹。

这首诗我设置了这样一个问题：你觉得这是一个怎样的牧童？你从哪里看出来的？学生很容易就把目光聚焦在"牧童归去横牛背，短笛无腔信口吹"这两句上。最能体现牧童逍遥自在、无忧无虑的就是"横牛背""信口吹"。

前两句是什么？是牧童此刻所在的环境，池塘四周长满了青草，而池塘里的水多得几乎要溢出池岸,那时候的生态环境真好呀!现在可能只有在南方才能见到这样的池塘了。再远处呢?有一枚红彤彤的落日正悄悄沉没在山间,在这样一幅美景之中,牧童不是骑着黄牛,而是自在地横躺在牛背上,沐浴着落日余晖,吹起了心爱的短笛。这笛声没有腔调,不按谱来,就是我想怎么吹就怎么吹,我爱怎么吹就怎么吹,就像第2课《祖父的园子》中的倭瓜、黄瓜一样,想怎么样就怎么样!真是把牧童的惬意、逍遥刻画得淋漓尽致,让人羡慕呀!

花开了,就像睡醒了似的。鸟飞了,就像在天上逛似的。虫子叫了,就像在说话似的。一切都活了,要做什么,就做什么。要怎么样,就怎么样,都是自由的。倭瓜愿意爬上架就爬上架,愿意爬上房就爬上房。黄瓜愿意开一朵花,就开一朵花,愿意结一个瓜,就结一个瓜。若都不愿意,就是一个瓜也不结,一朵花也不开,也没有人问它。玉米愿意长多高就长多高,它若愿意长上天去,也没有人管。蝴蝶随意地飞,一会儿从墙头上飞来一对黄蝴蝶,一会儿又从墙头上飞走一只白蝴蝶。它们是从谁家来的,又飞到谁家去?太阳也不知道。

——节选自萧红《祖父的园子》

3

讲这三首诗歌的时候,可以先用前面表格的方式让学生先自己结合注释去初步理解诗歌的意思,课堂上,再通过老师的讲解让学生对诗歌有更深刻的理解,然后,再让学生自己说说诗句描写的画面,以及通过朗读的方式来表达自己对诗歌的理解。最后,要再重点强调一下:在学习这三首古诗时,我们体会诗中所表达的思想感情用的最重要的方式就是"想象画面"。那么,这就又与课后的选做题联系起来了。

选做题是"根据古诗内容，展开想象，选择其中一首改写成短文"。

老师可以引导学生：

1. 除了诗歌直接写出的"画面"之外，还会有哪些画面呢？比如《村晚》，可以由"村""晚"这两个字想到更丰富的画面：一个怎样的村庄？傍晚还会有什么？横在牛背上的牧童表情是怎样的？他心里会想些什么？……这样就能把诗歌的画面描绘得更丰富。

2. 抓住重点部分，想象诗歌没有描写的细节。因为诗歌的语言非常精练，就给了我们大量的想象细节、填补细节的空间。比如《稚子弄冰》，稚子是如何"脱晓冰"的？那是怎样的动作？如何小心翼翼？脱出来之后心情怎么样？怎样敲？听到如玉磬般的声响心情怎么样？冰碎后他又是怎么想的……给学生这些提示之后，学生就会有话可说，改写这首诗也是落实本单元写作训练要素"把一件事的重点部分写清楚"的一个机会。但老师同时要注意想象的纪律性，学生所想象的内容需要是与古诗描写的画面高相关的，不能让学生信马由缰乱写一气。

至于背诵、默写的任务，可以在课堂中或课后落实。

干干净净教课文
——一年级《我多想去看看》教后记

看似简单的课文如何落实"基于理解的朗读训练"？

在这个每间教室都配备了多媒体设备的时代，能不能让学习尽可能向课本回归，而不是一节课都在学习PPT？PPT上大量的所谓"知识"又增加了学生学习的负担，花里胡哨，浅尝辄止，冗杂低效。

带着这些问题，我前天晚上备了一下第二单元第二课《我多想去看看》，并于昨天在一年级试讲。

先把课文放上来，没有教过这篇课文的老师可先看看。

我多想去看看

妈妈告诉我，沿着弯弯的小路，就会走出天山。遥远的北京城，有一座雄伟的天安门，广场上的升旗仪式非常壮观。我对妈妈说，我多想去看看，我多想去看看！

爸爸告诉我，沿着宽宽的公路，就会走出北京。遥远的新疆，有美丽的天山，雪山上盛开着洁白的雪莲。我对爸爸说，我多想去看看，我多想去看看！

一、熟悉课文

我的 PPT 第一页是黑屏。上课前，屏幕就处于播放中的黑屏页。设置黑屏是因为我觉得没有必要把课题或课文出示在屏幕上，学生看书就行了；播放状态是方便我需要用 PPT 的时候一键切换。

前一天学生们的语文老师已经布置学生预习课文了，一上课，我就不在"导入新课"上浪费时间了，开门见山："今天我们学习第 2 课《我多想去看看》，请大家打开语文书。"

1. 领读题目，识字"想"

"我们昨天学了一个带'心'字底的字，你还记得是哪个字吗？"有学生想起来，是"忘"字。（上一课是《吃水不忘挖井人》。）

"我们知道，'心'字底的字大多与心情有关。这个题目里，也有一个'心'字底的字，是——"

"想。"学生们说。

我就讲"想"字。它上面是"相"，"相"有两个读音，读第四声的时候，有一个含义是"样貌、样子"，心里想一个人的时候就会想起他/她的样子。讲完后让学生们再读题目。

我一直主张先教课文再教生字，个别生字可以随文识。随文识字的原则是：通过学习这个字，有助于学生理解课文内容（或生字所在的句子）。这样随文识字，不会把学习课文的过程打断。

有些生字在题目里，比如这一课的"想"。随文识，有助于学生对题目的理解，也方便引向课文。

2. 范读课文

低年级教学中，老师的范读非常重要。

无论是孩子还是成人，在接触一个新领域（需要学习新本领）的时候，最初都是从模仿开始的。老师读课文，就是在向学生示范一篇课文应该怎样读，学生听着、模仿着，一天一天地学会用声音传达感情。所以，语文老师要不遗余力地练习朗读，这是一项重要的基本功。

优秀的范读不仅能供学生模仿，还能帮助学生初步理解课文。就像一个会讲故事的人总能牢牢地抓住孩子的注意力，而一个只会读故事的人很难用声音抓住孩子的注意力一样，优秀的范读提供了学生与文本深入接触的第一步。

3. 跟老师读课文

以我对学生们的了解，他们的识字量还不足，课文中也有两个长句子，包含一些较复杂的词，比如"遥远""新疆""雄伟""壮观"，等等。所以，让学生听一遍就直接自读对他们来说是有难度的。我就先带读一遍。

但我是以"句子"的形式带读的。先跟学生们确认，以逗号结束的不算一句话，以句号和叹号结束才是一句话。老师读完完整的一句话后大家再读。

这样设计，既加深了学生对"句子"的概念（低年级测试卷上经常有让学生数数一段有几句话的题目，这样的训练都可以有意识地在课文学习中完成），又增加了一些跟读的难度，避免有的学生不看书，师云亦云。

4. 自读课文

老师领读之后，让学生自读课文。但是低年级学生的"自读"总是变成"齐读"，原因是他们朗读的能力还比较弱，读得慢，声音就很容易汇在一起，形成一股声调一致的洪流。

也没关系，等他们朗读能力起来了（拉开层次了），自然就能实现"自己读自己"的了。这可能要到三年级以后了。

学生自（齐）读后，我又让男女生分角色朗读了一遍课文。还是希望学生们能多读几遍，尽量把课文读正确、流利。

小结：上述整个环节，因为是借班上课，讲读书时手怎样指字，怎样跟读，

"句子"是什么等常规要求和常规知识就会占用一部分时间。如果是在自己的班级上课，这些都已形成常规后，学生就可以"训练有素"地配合老师的要求。

二、回答问题，理清文章大概

落实了第一个基本目标"能正确、流利地朗读课文"之后，就该进入课文的深入学习了。在学习之前，我在PPT上呈现了整篇课文（低年级课文短，刚好这篇课文又在一页上，我就直接放课文的图片，而不是另外把文字打到屏幕上，这样又省事，又接近课本），用一体机自带的标注功能，圈出两个"我"，问学生：

"这两个自然段里有两个'我'，他们是同一个人吗？"

这个问题能把学生带入更深刻的思考中。有的学生说是，有的说不是，有的明显不太确定。那些说不是的学生，可能也很难用语言清晰地表达出为什么不是，就像有个学生在课文中找到了"走出天山""走出北京"这样的句子，但也不能说明白一样。

我在新疆
我想去北京看看

我多想去看看

妈妈告诉我，沿着弯弯的小路，就会走出天山。遥远的北京城，有一座雄伟的天安门，广场上的升旗仪式非常壮观。我对妈妈说，我多想去看看，我多想去看看！

我在北京
我想去新疆看看

爸爸告诉我，沿着宽宽的公路，就会走出北京。遥远的新疆，有美丽的天山，雪山上盛开着洁白的雪莲。我对爸爸说，我多想去看看，我多想去看看！

没关系，老师可以引导："'就可以走出天山'说明'我'在哪里？想去哪里？'就可以走出北京'说明'我'在哪里？想去哪里？"学生最终明白：第一个"我"是在（新疆的）天山，想去北京看看；第二个"我"是在北京，想去天山看看。接下来，就能让学生观察课文插图，分辨新疆小朋友和北京小朋友。

三、走进文本，落实朗读训练

"识字、写字、朗读"是低年级教学的三大重点。但很多老师花了大量时间在识字写字上，朗读的训练却落实得不到位；或者只是简单地要求学生"有感情""有感情"，殊不知，未建立在理解基础上的"有感情"，只是声音的忸怩作态，而非直击人心的舞蹈。

1. 学习第一自然段

上课时，我仍然是把电子课本页的截图直接放到了屏幕上。其实这儿不用PPT也可以，但为了让学生更聚焦到文本，还是放上了。反正也不费事。

> mā ma gào su wǒ　yán zhe wān wān de xiǎo lù　jiù huì zǒu
> 妈妈告诉我，沿着弯弯的小路，就会走
> chū tiān shān　yáo yuǎn de běi jīng chéng　yǒu yí zuò xióng wěi de tiān ān
> 出天山。遥远的北京城，有一座雄伟的天安
> mén　guǎng chǎng shàng de shēng qí yí shì fēi cháng zhuàng guān　wǒ duì
> 门，广场上的升旗仪式非常壮观。我对
> mā ma shuō　wǒ duō xiǎng qù kàn kan　wǒ duō xiǎng qù kàn kan
> 妈妈说，我多想去看看，我多想去看看！

先讲"天山"。对小孩子来说，一段文字里，有诸多未知的东西，哪怕是我们一眼就明了的"天山"这么简单的东西。这两个字多简单，学生都认识。但我问学生们"天山是什么？"的时候，很多学生还是答不出来的。学生们可

能不能确定：它是一个地名吗？它是一座山吗？

所以，需要让学生理解"天山"。但在学习第一自然段时，只需要让学生知道"天山"是新疆的一个山脉就行了，重点在"北京城的天安门"；学习第二自然段时才需要学生更深入地了解天山。

我出示了一张中国地图和一段介绍天山的话，并用标注笔的功能在屏幕上画出了"天山山脉"，让学生更清楚山脉的地理位置。嗯，前一天晚上备课，我确实是查了好大一会儿，并努力记住山脉的大致位置，才能在课堂上画出来。"一条线"的背后都是时间和精力呀！

> 天山是一座雄伟的山脉，位于中国西北部。它的形状像一条巨龙，横卧在大地上。
>
> 天山上有许多美丽的风景，如雪山、森林、草原和湖泊。
>
> 天山上还有很多野生动植物，让我们可以学习到很多有趣的知识。

接下来讲"遥远"。

> 妈妈告诉我，沿着弯弯的小路，就会走出天山。(遥远)的北京城，有一座雄伟的天安门，广场上的升旗仪式非常壮观。我对妈妈说，我多想去看看，我多想去看看！

在讲"天山"时，我已经让学生先找"北京"，又找我们所在的"郑州"，通过"北京——郑州"和"北京——天山"的距离的对比，让学生初步感知了"遥远"。所以这里就出示具体数字——

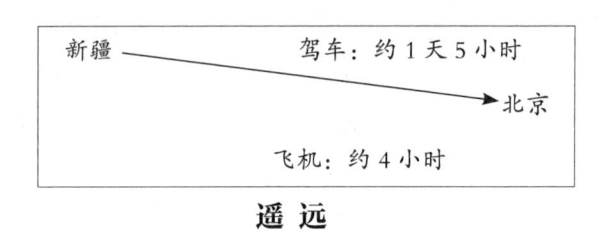

```
新疆 ──────→   驾车：约 1 天 5 小时
                              ────→ 北京
              飞机：约 4 小时
```

遥 远

"从北京到新疆，驾车需要 1 天零 5 个小时，坐飞机需要 4 个小时。而从咱们郑州到北京，坐飞机不到一个半小时就到了，可见新疆到北京远不远？"

"远——"

"很远很远就叫——"

屏幕上出示"遥远"二字，学生们读出来，再多读两遍巩固。

> 妈妈告诉我，沿着弯弯的小路，就会走出天山。<u>遥远的北京城，有一座雄伟的天安门，广场上的升旗仪式非常壮观。</u>我对妈妈说，我多想去看看，我多想去看看！

让学生再读画线的句子（这句比较难，难句要多读）。读完后我又问："想不想看看雄伟的天安门和壮观的升旗仪式？"

"想——"

"那我们把这句话再读一遍，读好了老师就让大家看看。"想让学生多读且不厌烦，老师的"花招"就得多一些。

学生又读了一遍之后，我出示天安门图片。

找图很重要。图片要清晰，色彩好，还得能尽量体现出"雄伟"的感觉。如果找一个包含广场在内的天安门远景图，就感受不到"雄伟"了。嗯，字也打上去，学生看图后把"雄伟的天安门"读两遍，悄悄地进行了课后题的训练。

教学设计，步步"心机"。

要体现壮观的升旗仪式，直接找视频最合适。

我一直觉得，图片和视频这种直观性的素材，在教学中要用到关键处。文字的想象所达不到的地方，才需要使用直观素材，而且是优质的素材。

通过观看两分钟的视频，学生确实被升旗的场景震撼住了。这时候再让他们读——"遥远的北京城，有一座雄伟的天安门，广场上的升旗仪式非常壮观。"学生读的"非常壮观"特别到位，这就是视频的功劳啊！

"北京除了雄伟的天安门，壮观的升旗仪式，还有什么呢？"我问。

我之所以要在问句里完整地表达"雄伟的天安门"和"壮观的升旗仪式"，而没有说"北京除了天安门和升旗仪式"，是因为希望课后题中的这两个短语能多次在学生面前通过声音或文字来呈现。

"还有长城！"

"还有故宫！"

……

"是呀，北京是我国的首都呢！你想不想去看看？"引导学生朗读——我多想去看看，我多想去看看！

"这句话中第一个标点是逗号，第二个标点是感叹号，那带有感叹号的句子应该怎么读？"学生回答后，读。读得不太到位，老师示范一遍，学生再读，落实课后题"读好带有感叹号的句子"。

2. 学习第二自然段

> 爸爸告诉我，沿着宽宽的公路，就会走出北京。遥远的新疆，有美丽的天山，雪山上盛开着洁白的雪莲。我对爸爸说，我多想去看看，我多想去看看！

老师读第一句，学生们读第二句。

"想不想看看美丽的天山？"说完，出示我精心挑选的天山的图片。

我一共展示了五张图片，把"冬季的天山"放到五张图的最后，是为了引出"雪山上盛开着洁白的雪莲"。

欣赏了图片（让学生有了直观感受），再让学生读这句话——"遥远的新疆，有美丽的天山，雪山上盛开着洁白的雪莲。"

"新疆除了有美丽的天山，洁白的雪莲，还有什么呢？"

学生们认知有限，答不上来了。我又出示图片，向学生介绍甜美的新疆葡萄，能歌善舞的维吾尔族姑娘（顺便考考他们知不知道我国有多少个民族），好吃的羊肉串……

将学生的情感激发到位，让他们再读最后一句："我多想去看看，我多想去看看！"

四、延伸拓展，练习说句子

之后，我又出示了郑州东站的照片，引导学生用"我多想"来说话，这也是课后题。

老师告诉我，乘着东站的高铁，就会驶出郑州。
我多想＿＿＿＿＿＿＿＿＿＿＿＿＿＿＿＿＿＿＿

再指着中国地图，可以跟学生说说，乘着郑州东站的高铁，可以去陕西看兵马俑，去四川看大熊猫，去吉林看冰雕，去上海迪士尼乐园玩……再出示"我多想去看看，我多想去看看！"并让学生练习朗读。

五、处理课后题及要求会认的字

上课时，课后题我也是直接截图出示（其实也可以让学生直接看课本）。学生读一读，再填空。因为在学习课文时学生对内容已经比较熟悉了，这里稍微巩固下即可。

○读一读，记一记。

弯弯的小路　　　宽宽的公路
　　　　　　　　kuān
美丽的天山　　　洁白的雪莲
　　　　　　　　jié
雄伟的天安门　　壮观的升旗仪式
xióng wěi　　　　　yí shì

（　　）的小路　　（　　）的公路
（　　）的天山　　（　　）的雪莲

（　　）的天安门　　（　　）的升旗仪式

以检测的方式让学生将要求会认的字读一读，认一认。

其实每一课中"要求会认的字"学生没有学之前也已经认识一部分了，不是每个字都要重点讲。一篇课文中，也不是所有学生不认识的字都是本课"要求会认的字"。所以先学课文，带着学生一遍遍读课文的过程就是一个浪漫识字的过程。不必要非得学了生字再学课文。

原本我安排的环节是：（1）先出示带拼音的会认字，哪个字学生不认识，可以借助拼音读一读。（2）读过后再去掉拼音（用一个白色长方形覆盖住），学生再读。读的过程中如果发现哪些字学生认得不好，老师再单独讲。（3）最后把所有字打乱顺序再让学生认读，这时候如果会读了才是真正认识这个字了。

想　告　诉　就　京　安　广　非　常　壮　观

用白色长方形覆盖住拼音后

壮　想　非
告　　安　就　京　广
　常　　　诉　　观

但因为这次是借班上课，我在学生的朗读指导和常规要求方面花了些时间，留给后面学习认字的时间就少了，这是遗憾之处。

第二课时，复习一下课文朗读和要求会认的字，讲讲六个要求会写的字，大概用半节课，剩下的时间让学生把六个生字写在作业本上。课后再补充几道简单的练习题，一课的教学就可以结束了。

紧扣课本，干干净净教课文，不要教PPT。

习作单元背景下《金色的草地》课堂实践

一、初遇"习作单元"

三年级上册第五单元是部编版教材的第一个习作单元，编排与普通单元确实有很大不同。在提前教研时，干国祥老师就明确提出：习作单元在第一课时中要先出示第一页（单元页）和最后一页（习作任务）。用意在于让学生以终为始，带着任务去学习本单元，增强学习的有效性。

马玲老师和我分别认领了第 15 课《搭船的鸟》和第 16 课《金色的草地》，为了呈现单元教学的完整性，我们临时决定两个人在同一个班级上课，并且由马老师再多上一节习作指导课。

于是，马老师在朗星小学三（1）班上了两节课。第一节给学生们讲了单元页，并带领学生们明确为单元写作应该做怎样的准备。第二节上《搭船的鸟》，紧扣语文要素"体会作者是怎样留心观察周围事物的"。

二、及时点拨

在马老师上课的过程中，干老师以"老干日常琐碎"的方式在备课群里发了这样一段话：

早上，教研日，约车去朗星小学。

第一课，马玲讲观察，三年级第五单元。

这是老干备课中的一项，关键词：观察，写作。

三上第五单元，这是学生遇到的第一个写作单元，这具有多重意义：写作单元，体现了编辑眼里，观察在写作中的优先地位。

其实，观察这个词语本身是有局限，甚至会导致严重误解的。

观察，在日常语言运用中，它属于科学领域，不属于诗而隶属于思。

它是一种比科学观察更朴素的"凝视""注视"。认真地看，领略事物之美，消化事物之美，这才是本单元所想指向的观察。

所以，与其说这个单元的观察，和四上第三单元连续观察，是单次与多次的区别，不如说是诗与思的区别，是美与科学的区别。

当然，编辑想要的是一种更原始、更本真的复合观察——但这可能吗？只要认真看，因为主体与客体遭遇时候的场景规定，就必然会有所偏向。

法布尔的昆虫观察，是科学而非文学的，写得生动来自观察，也来自写作。

叶圣陶的爬山虎的脚，也是偏向于这类，只不过观察者不是科学家，有所局限而已。

越是主体有计划地"看"，就越成为科学观察，倾向于思而不是诗的行为。

反之，诗意地看，更多的是与美相遇，甚至往往是意外相遇。哪怕你是走在一条最熟悉的道路上，那种前所未有的美丽或惊奇的相遇，总是会在某个时刻涌现——是的，它是涌现的，不是计划的。比如，道路边的白雾，或者薄霜，安静中的鸟鸣……

美不约而来，你被吸引，然后，你去凝视，注视，这就是本单元的观察。

当然，这样说是一种极端表达，事实要复杂得多。美是多样的，我们与事物之美的相遇方式也是各不相同的。刹那相逢，只是一种极端化的表述，其实，还有主体主动去制造的相遇、发现。它和观察依然完全不同，因为它不解剖，它依然努力把事物保持在整体性中。

这段话我在备课前和备课中反复读了几遍（尤其是画线的句子），我进一步明确了：观察确实是本单元重要的大概念，但如果过于强调观察，就容易使其变成科学性的、思性的。而本单元的人文主题是与"美"相关的，两篇精读课文的教学不能脱离这个背景。

但这两篇课文的不同之处在于：《搭船的鸟》是观察者先意外地与美相遇，然后进行细致的观察；《金色的草地》则是通过留心观察，发现日常事物的美。这成为我设计教学的一个重要切口。

三、正式上课

1. 通过目录再次明确本单元的学习任务

我先出示了教材中本单元的目录，通过追问的方式梳理本习作单元的学习任务和任务达成的途径：学习本单元，要通过两篇精读课文和两篇习作例文，学习观察的方法，最终使学生能

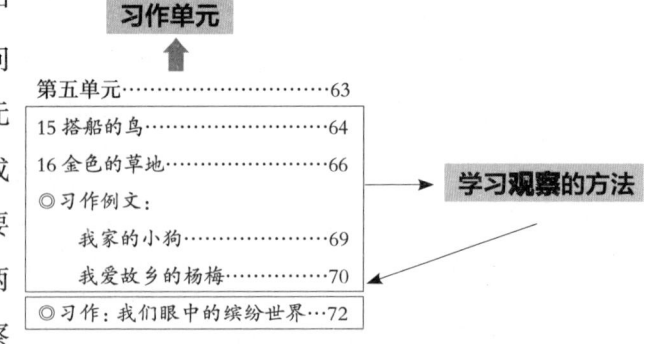

习作单元

第五单元……………63
15 搭船的鸟…………64
16 金色的草地………66
◎习作例文：
　我家的小狗…………69
　我爱故乡的杨梅……70
◎习作：我们眼中的缤纷世界…72

学习观察的方法

（框框和箭头等都是动态逐步呈现的）

够完成一篇较精彩的习作。

2. 强调人文主题

由于上一节课的人文主题稍有弱化，这节课我就需要做些强调。所以我带着学生们看"单元页"，重点突出人文主题：生活中不缺少美，只是缺少发现美的眼睛。由此追问："《搭船的鸟》这篇课文，作者发现的'美'是什么？"

哦，是"翠鸟的美"，是翠鸟的"外形美"和"动作美"。

这时，大问题就出来了：这篇课文，是作者"先遇到美，再留心观察"，还是"先留心观察，后发现美"？

学生刚开始都认为是后者。我让学生聚焦到课文中的"我看见一只彩色的小鸟站在船头。多么美丽啊！"这两句话上，引导学生明白，作者是先被美吸引，然后才开始留心观察。

同类型的文章我又列举了两个。

一个是《丑小鸭》。当丑小鸭第一次看到白天鹅的时候，同样也是被白天鹅的美深深吸引了，然后才开始仔细观察白天鹅。

> 一天晚上，当太阳正在美丽地落下去的时候，有一群漂亮的大鸟从灌木林里飞出来，丑小鸭从来没有看到过这样美丽的东西。他们白得发亮，颈项又长又柔软。这就是天鹅。他们发出一种奇异的叫声，展开美丽的长翅膀，从寒冷的地带飞向温暖的国度，飞向不结冰的湖上去。
>
> 他们飞得很高——那么高，丑小鸭不禁感到一种说不出的兴奋。他在水上像一个车轮似的不停地旋转着，同时，把自己的颈项高高地向他们伸着，发出一种响亮的怪叫声，连他自己也害怕起来。啊！他再也忘记不了这些美丽的鸟儿，这些幸福的鸟儿。

先遇到美，再留心观察

另一个是我两年前写的文章《多么幸运，能看到太阳升起》。我节选了其中的一段话，在给学生们简单介绍了写作背景后，我把这段文字读给学生们听。在我朗读描述天空的那段文字时，明显地感觉到整间教室里，所有听课的老师和学生也都被美震撼了。读完后,又给学生们展示了我当时拍下的照片。

> 今年入秋,我搬到了四楼。遗失了那个大窗户,我与天空的交织似乎也少了很多。清晨,出小区门便是向西去,与朝阳相背。夜晚,出了校门,常常已明月高悬。
> 今天早晨,依然脚步匆匆,只是由于要去一个学校开会,我需要去开车。而因为前几天没有车位,我把车停在了小区往东的方向。
> 匆促间,猛然看到天空。天呢,怎样的美啊!
> 太阳还未完全升起,霞光以地平线为起点,向上照射出来,大片温暖的、金橘色的云彩,上面是白色的云,彩霞近处的蓝天里,云彩又撕扯成条,成片,成丝……如此美丽!
> 我站在车边,站在冷风里,面对朝霞,久久不愿离去。
> ——原卫华《多么幸运,能看到太阳升起》

先遇到美,再留心观察

这两个例子也都是为了让学生对"先遇到美,再留心观察"这种类型的文章或场景有更明确的认识。同时我还口头举了个例子:昨天马老师在给我们上课时,我们忽然看到拍摄的叔叔,忍不住偷偷多看他几眼,也属于"先遇到美,再留心观察"。

这位叔叔是跟拍马玲老师的一位摄影师,由于打扮比较新潮,加上背着高端的摄像设备,所以一出现在教室就立刻吸引了学生们的注意力。昨天干国祥老师建议因势利导,布置作业:让学生们以《搭课的人》为题写一个片段。今天我上完《金色的草地》之后,马老师专门对学生们的这个习作片段进行了点评和指导。

你是不是也一下子被摄影师吸引了?

在举了多个例子之后，我对"先发现美，再留心观察"作了进一步解释——

先遇到美，再留心观察

与美偶然相遇，意外相遇，我们（观察者）被吸引，然后，去凝视，注视（细致地观察），进一步感受美。

3. 由问题导入新课

接下来学习本单元的第二篇课文《金色的草地》。我提出问题：这篇课文是不是也是作者与"美"偶然相遇，再留心观察？请同学们带着这个问题自读课文，读准字音，读通句子。

4. 深入学习课文，理解课文

（1）学习第一、第二自然段，辨析是"偶然"还是"日常"

学生们读过课文之后，回答这个问题。通过第一自然段和第二自然段中的关键词和关键句（如"住在乡下""常常"等），让学生明白这篇课文不是"与'美'偶然相遇"，而是与它相处已久，但并没有真正发现它的美。

在这个过程中，我又有意识地指导了一下学生们的朗读，后面还需要任课老师对学生们多加训练。指导朗读，也是落实课后题"一边读一边想象课文描写的场景"的重要方式，因为"想象"看不见、摸不着，但我们可以通过朗读来表达自己对文字所描述的画面的理解。

因为我之前对蒲公英的认识也仅停留在浅浅的层面——认为白色的绒毛就是蒲公英开的花，我觉得可能有学生也跟我是一样的认知，所以又补充了蒲公英的相关介绍。

> 我们住在乡下，窗前是一大片草地。草地上长满了蒲公英。当蒲公英盛开的时候，这片草地就变成金色的了。

> 蒲公英毛球是它的果实。果实中含有种子。
> 蒲公英一般先会开出黄色的小花，经过一段时间后，金黄的花瓣脱落，花托上会接着长出白色的绒球。细细观察，蒲公英毛球一个个都好像是小伞一样，无数的小伞底部拖着种子。
> 每年4-9月份是花期，每年5-10月份是果期。

在讲第二自然段的时候，我让学生们来表演兄弟俩的游戏，课堂气氛小小活跃了一下。

> 我和弟弟常常在草地上玩耍。有一次，弟弟跑在我前面，我装着一本正经的样子，喊："谢廖沙！"他回过头来，我就使劲一吹，把蒲公英的绒毛吹到他的脸上。弟弟也假装打呵欠，把蒲公英的绒毛朝我脸上吹。就这样，这些并不引人注目的蒲公英，给我们带来了不少快乐。

一边读一边想象课文描写的场景

说明了什么？
我们没有留心观察过

我注意到了文中的"并不引人注目"一词，但我觉得哥俩在玩吹绒毛游戏时，并没有对蒲公英进行观察，仅仅是在做孩子的游戏而已。所以我在讲它时，就按"我们没有留心观察过"处理了。

在评课时，干老师说，这个自然段中哥俩也有观察，不过是无意识的观察。应该抓住"并不引人注目"中的"人"，问学生："这个'人'指的是谁？"让学生意识到，这里的"人"是大人，是其他人，但"我们（兄弟俩）"是注目（观察）了的，因为注目了，所以知道了蒲公英的绒毛是可以这样玩的。

在教研最后，我问干老师我的课还有哪些地方需要改进时，他说，课上得很好，如果能把"并不引人注目"处再稍微讲一下就更好了。

（2）学习第三自然段，体会作者是怎样留心观察蒲公英的

结束第一、第二自然段的学习后，学生们明白了"观察者（我）"与"观察对象（蒲公英）"并非偶然相遇，那为什么"我"会留心观察它呢？因此，引出第三自然段。

◆为什么我后来留心观察它了呢？

有一天，我起得**很早**去钓鱼，发现草地并不是金色的，而是绿色的。**中午**回家的时候，我看见草地是金色的。**傍晚**的时候，草地又变绿了。这是为什么呢？我来到草地上，**仔细观察**，发现蒲公英的花瓣是合拢的。原来，蒲公英的花就像我们的手掌，可以张开、合上。花朵张开时，花瓣是金色的，草地也是金色的；花朵合拢时，金色的花瓣被包住了，草地就变成绿色的了。

> 我发现了草地的变化

○仔细读读第3自然段，把下面的内容补充完整，体会作者观察的细致。

早上，草地_____，因为蒲公英_____；

中午，草地_____，因为蒲公英_____；

傍晚，草地_____，因为蒲公英_____。

引导学生明白，是因为"我"发现了草地的变化，所以才留心观察它，并发现了它变化的奥秘。接着辅以手势，处理课后第二题。

（3）通过图片感受草地的可爱和美，学习第四自然段

第四自然段就直接呈现在一幅"金色的草地"上了。因为它比较抒情，学生需要看到美，同时也要体会它的"可爱""有趣"，所以我又把草地早、中、晚的变化重复了一下，再让学生来朗读。

多么可爱的草地！多么有趣的蒲公英！从那时起，蒲公英成了我们最喜欢的一种花。

5. 通过对比，体会"我"对蒲公英感情的变化，进一步认识到"观察"的重要性

在学完全文后，我出示了第二自然段和第四自然段，通过比较两句话，让学生发现"我"对蒲公英的感情的前后变化，引导学生认识到，之所以发生了这样的变化，是因为"我"的留心观察。让学生明白，当我们更深入地了解美的事物或人物时，就会对他（它）们有更深的感情。

> 我和弟弟常常在草地上玩耍。有一次，弟弟跑在我前面，我装着一本正经的样子，喊："谢廖沙！"他回过头来，我就使劲一吹，把蒲公英的绒毛吹到他的脸上。弟弟也假装打呵欠，把蒲公英的绒毛朝我脸上吹。就这样，这些并不引人注目的蒲公英，给我们带来了不少快乐。
>
> 多么可爱的草地！多么有趣的蒲公英！从那时起，蒲公英成了我们最喜爱的一种花。

1. 作者对蒲公英的感情有什么变化？
2. 为什么会发生这种变化？

我**细致的观察**使我对它有更深的了解，发现了它的有趣，所以我对它的感情也发生了变化。

6. 再次回到大问题，总结另一种发现美的方式

整篇课文讲完之后，我又出示了刚开始学习这篇课文时的问题：这篇课文是不是也是作者与"美"偶然相遇，再留心观察？

答案已经很明确了。

总结：这篇课文写的是"日常事物"，因为"我"看到了它的变化，所以"留心观察"，然后发现了它的美（变化的奥秘、趣味等）。与此类似的，是课后第三题中举的向日葵、含羞草等例子。

◆这篇课文是不是也是作者与"美"偶然相遇，再留心观察？

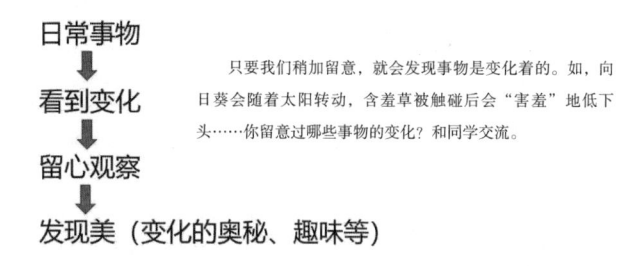

日常事物
↓
看到变化　　只要我们稍加留意，就会发现事物是变化着的。如，向
↓　　　　　日葵会随着太阳转动，含羞草被触碰后会"害羞"地低下
留心观察　　头……你留意过哪些事物的变化？和同学交流。
↓
发现美（变化的奥秘、趣味等）

此时，把两种发现美的情况放在一起再作对比。

- "我"看到搭船的鸟
- 丑小鸭看到白天鹅　　　有时候，我们会偶然遇到美，
- 原老师看到朝霞　　　　被美深深地吸引住，所以忍
- ……　　　　　　　　　不住留心观察。

- 会张开、合拢的蒲公英花瓣
- 会随太阳转动的向日葵　　有时候，我们会因为留心
- 会"害羞"的含羞草　　　　观察而发现美。
- ……

那么，我们怎样才能拥有发现美的眼睛呢？热爱生活的人更容易发现美，善于观察的人也容易发现美。希望你是这样的人。

生活中不缺少美，只是
缺少发现美的眼睛。
——【法国】罗丹

怎样才能拥有发现美的眼睛呢？

热爱生活的人更容易发现美
善于观察的人也容易发现美

课上到这里就结束了。

课件做得极为朴素，几乎相当于白板上面打点字。时间紧张，就重内容，轻形式了。

在后面的教研中，干老师进一步对"美"进行了诠释。生活中常见的美常常是愉悦感官的美，但美不限于此。美也是丰富的、多元的，比如科学之美，人性之美，潮流之美，甚至奇怪之美，等等。学生在写作的时候，也可以往"美"的方面引导，但更重要的是"观察"，只要学生的写作含有观察，是观察的结果，作文就是合乎要求的。也就是说，"发现美"只是本单元的人文主题，两篇精读课文可以围绕这个主题开展教学，但学生的习作还是要以"观察"为核心。

围绕语文要素和课后习题展开教学设计
——三上《秋天的雨》

缘　起

听一位老师上了《秋天的雨》，虽然可圈可点的地方也不少，但是感觉教学设计并没有紧扣住本单元的语文要素和课后习题，这样教学目标就不够清晰，也容易造成课堂的低效。

评课时说了自己的看法，同时也有了自己试着上一下这节课的想法。下午，确定第二天在三（4）班小鱼儿教室再上一次《秋天的雨》，落实一下"老干备课"的思路。晚上备课时，我再次对照干国祥老师的这个教学框架，确定教学流程，设计PPT，于今天上午的后两节课完成了本次教学。

本单元备课框架
也是每篇精读课文的教学框架

【大概念】
运用多种方法理解难懂的词语
↓
【基本问题】
怎样排除理解过程中的词语障碍？
怎样理解难懂的词语？
★怎样才算是理解了一个词语？
↓
【核心任务】
★在理解文本的过程中理解难懂的词语
找出阻碍自己理解的词语
★交流
探索理解词语的方法
↓
【整体理解和深度理解】
回到文本的整体性，提出整体性理解的相关问题

"老干备课"中本单元的备课框架

教学过程

环节一：认识"单元页"中的语文要素，明白其作用

因为是借班上课，而且孩子们刚上三年级，我不确定老师有没有给孩子们讲过"单元页""大概念"等这些大单元学习的相关要素，就在课堂伊始安排了这个环节。考虑有二：如果老师讲过，我就再次明确一下本单元的学习重点；如果没讲过，我就借此机会给孩子们讲讲，让他们知道单元页的作用，方便孩子们以后把握每个单元的学习重点。

小鱼儿教室的课堂常规训练真是非常好，预备铃响的时候，所有孩子都已经进入上课状态了，一双双明亮的眼睛煞是喜人。

师生问好之后，我直接出示了本单元的单元页："这是第二单元的单元页。在单元页上，有这样一句话——运用多种方法理解难懂的词语。这句话对我们学习这一单元有什么用？"

两个孩子回答了问题，大概是说理解这些词语能帮助我们理解课文。看来老师是没讲过大单元学习的相关要素，我就直接出示"单元大概念（语文要素）"字样，告诉孩子们："这是本单元学习的重点，我们要通过本单元课文的学习，学会运用多种方法理解难懂的词语。每个单元的单元页上都有这样的提示，它对我们学习一个单元的课文起到重要的指导作用。"

环节二：复习学过的有关本单元语文要素的知识

教师用书中写道：

"本套教材在低年级安排了借助图画、查字典、联系上下文、联系生活经

验等了解词语意思的方法,本单元是在此基础上的延展和提升,旨在引导学生综合运用多种方法理解难懂的词语,选择合适的方法并逐步做到迁移运用。"

既然在低年级已经学过相关的理解词语的方法,我就先带孩子们回顾一下。我问:"你学过哪些理解难懂词语的方法?"

孩子们有的说用组词法,有的说可以换一个部首,有的说看拼音……明显是把"理解词语"和"理解字"混淆了。也有孩子说,"用联系上下文的方法""可以和生活联系",这些答案就很靠谱了。于是我就把之前学过的理解词语的方法用PPT出示了一下。

你学过哪些理解难懂词语的方法?

◆ 借助图画
◆ 查字典
◆ 联系上下文
◆ 联系生活经验
◆ 借助注释

前四个是一、二年级学过的方法,最后一个"借助注释"是本单元第4课《古诗三首》刚学过的方法,所以孩子们也很快能将这些方法与实际经验结合起来去理解词语了。

下课后语文老师告诉我,之前也讲过这些理解词语的方法,但没有刻意总结,所以孩子们一时答不上来。这也没有关系,学习的目的是运用这些方法,而不是记住它们。而且第5课《铺满金色巴掌的水泥道》孩子们还没学,这一课是落实本单元语文要素的好材料,如果先学这一课,孩子们回答这些问题就会更容易些。

环节三：在多次读课文中落实语文要素

复习完相关的语文要素之后，就开始了本篇课文的学习。

任务一：自读课文

因为没有让孩子们提前预习，所以我给的第一个任务就是：

自读课文：
1. 读准字音
2. 把句子读通顺（没有读通顺的可以再读一遍）

我给孩子们强调了第一遍自读课文的要求：要把每个字音读准确，不认识的字可以借助拼音；要把每个句子读通顺。并问孩子们："如果一遍没读通顺怎么办？"

孩子们说："再读一遍。"

"如果又读了一遍还没有读通顺呢？"

"再读一遍！"他们把"再"字说得很重。

我说："对，读不通顺就多读几遍。开始吧。"孩子们就开始读课文了。

如果是自己长期带的班级，这些要求经过几次强调就会变成孩子们的习惯，就不用每节课都这样强调了。但是切记：要让你的每一个要求都被孩子理解，而不要只是简单地用课件一出示，让孩子们自己开始读吧！很多时候孩子会忽略掉你的重要建议，落实的效果就打折扣了。高效课堂就是让教学设计尽量少打折扣的课堂。

任务二：再次自读课文

孩子们读完之后，我并没有检测他们的自读效果，只是简单做了个小结："你把字音读准了吗？"

"读准了。"

"句子读通顺了吗?"

"读通顺了。"

"你认为自己完成这个自读要求了吗?"

"完成了。"

"好,请你再次自读课文,边读边想象画面,把阻碍你理解的词语圈出来。"

干老师在"老干备课"中说:"就三年级语文学习而言,朗读(用声音表现对文本的理解)、复现画面(边读文本边想象画面)是最基础的语文要素或语文大概念,在学习任何其他语文大概念时,它们都依然贯彻在整个理解过程中。"

他还说到,可以让孩子在"边读边想象画面"的过程中找出阻碍自己想象画面的词语,这些词语就是孩子不理解的词。

我还认为,"不理解的词语"是相对于每一个孩子来说的,孩子不同,他们不理解的词语也不同,所以要充分尊重孩子的学习体验,而不能是老师认为哪些词语孩子应该不理解,就在课堂上统一讲,不给孩子充分表达自己的机会。

基于以上种种,我设置了"再次自读课文:边读边想象画面,把阻碍你理解的词语圈出来"这个学习环节。

在孩子再次自读课文的过程中,我巡视着他们所画的内容。被圈频率较高的词是"频频点头"中的"频频",还有"小青蛙在加紧挖洞"中的"加紧"。

任务三: 默读课文,试着用以前学过的方法理解自己不懂的词语

孩子们第二次自读完课文并圈出了自己不理解的词语之后,我并没有让他们马上汇报,而是给出这样一个学习任务:

> ◆ **默读课文：** 用以前学过的方法理解你圈出来的词语
> - 借助图画
> - 查字典
> - 联系上下文
> - 联系生活经验
> - 借助注释

孩子们又投入了学习中。这仍然是一个自学的过程。

任务四：交流自己的学习收获

在孩子们默读、理解之后，我给出了交流内容和建议：

1. 刚才圈出的词语中，哪些词语你已经理解了？是用哪种方法理解的？

2. 哪些词语你还没有理解？

小提示：回答的时候要说清楚"第×自然段"的×个词。这个小提示对孩子的回答进行了规范。

> ◆ **默读课文：** 用以前学过的方法理解你圈出来的词语
> - 借助图画
> - 查字典
> - 联系上下文
> - 联系生活经验
> - 借助注释
>
> ➢ 刚才圈出的词语中，哪些词语你已经理解了？是用哪种方法理解的？
> ➢ 哪些词语你还没有理解？
> （小提示：回答的时候要说清楚"第×自然段"的×个词）

在交流环节，孩子们各抒己见：

一个孩子说，原来不理解"频频点头"的意思，后来借助图画理解了。因为下雨的时候雨滴滴到地上，菊花就会频频点头。

孩子的表达不太精确，他的意思是雨滴打到菊花的花朵上，菊花就会点头。

另一个孩子也说是因为雨点滴在花上理解了"频频点头"的意思，但她是通过联系上下文来理解的，因为前文说下雨了。

第三个孩子是通过联系生活经验来理解这个词的，因为她发现下雨的时候会有一阵风吹来，菊花也会频频点头。

接下来一个孩子提出"加紧"这个词，她说是通过理解每个字的意思来理解这个词的。"紧"就是很紧张，"加紧"就是……孩子表达能力仍然有限，我就给她做了补充："'紧'已经很紧张了，'加紧'就是'紧张+紧张'，所以就是更紧张。"

另一个孩子理解"加紧"这个词是通过联系上下文的方式，因为前文说冬天就要来了，但是小青蛙还没有睡觉的地方，所以它就赶紧挖洞。

一个孩子提出，他理解了第五自然段的"一曲丰收的歌"中的"一曲"，他是通过找近义词"一首"来理解这个词的。

宸轩小朋友提出了"勾住"这个词，他说，他是通过联系生活经验理解这个词的。他在夏天去钓鱼的时候，鱼儿是被鱼食勾住了，但是文中小朋友的脚是被香味勾住了，他觉得小朋友应该是被香味吸引住了，因为他有时候也会被一些好吃的吸引住。

这个回答非常棒。

环节四：回到文本整体，了解课文主要内容

交流之后，本单元的语文要素基本得到了落实。孩子们没有提到课文气泡框中的"五彩缤纷"，说明这个词对他们来说并不难理解，所以我也没有单独将其提出来。

理解了不懂的词语，说明孩子们也基本理解了每句话的意思。接下来就要回到文本的整体性，提出整体理解的相关问题。

本课课后第二题是理解课文主要内容的一个好抓手。在原来的教材中，这道题是"课文从三个方面写了秋天的雨，和同学交流你最感兴趣的部分"。现

在改为"课文从哪几个方面写了秋天？和同学交流你最感兴趣的部分"。

我觉得这个修改是恰当的。因为在这篇课文中，"秋天的雨"只是一个引子，是一把钥匙，课文真正描写的是秋天。

所以我就出示课后第二题，让孩子浏览课文，思考：课文从哪几个方面写了秋天？

两分钟后，开始让孩子回答问题。

一个孩子说，她觉得写了银杏叶变黄了，枫叶变红了……这是写秋天的景色。她说的是第二自然段的内容，但并没有抓住中心句。我没有作过多评价，继续提问。

一个孩子说，果实都丰收了。我问他是从哪里找到的？他说是第三自然段。我就引导孩子们看第三自然段，问孩子们同不同意他的意见，孩子们表示同意。

又一个孩子说，课文还写小动物要过冬了。她是从第四自然段中找到的。我引导："第四自然段除了写了小动物，还写了什么？"孩子说还写了植物。最后总结出，这一自然段写了动物和植物准备过冬的景象。

这时候，就剩第二自然段还没有总结出来了，所以我继续追问：还有吗？

孩子们很自然地又聚焦到第二自然段，通过"缤纷"一词，说出了秋天的颜色，我及时总结："第二自然段写的是秋天的颜色。"

然后 PPT 出示第二题答案，这样课文主要内容就理清了。

◆浏览课文，思考：课文从哪几个方面写了秋天？

第二自然段：缤纷的色彩

第三自然段：丰收的景象

第四自然段：各种动植物准备过冬的情景

环节五：深入理解课文，练习有感情地朗读

课后第一题要求"有感情地朗读课文。背诵第二自然段"。

在了解课文内容之后，需深入理解课文。练习有感情地朗读的环节，也是精确学习课文的环节。

因为第二自然段是要求背诵的，需要在课堂上多给孩子一些读的机会，我就让孩子们捧起书本，先齐读了一遍第二自然段。可能前面思考的环节有些多，也可能是孩子们还没有深入理解文本，我听出他们读书的声音稍显平淡。

没关系，这正是需要老师的地方。

孩子们一读完，我就出示了一张图片，问："这是什么？"

"银杏叶！"孩子们的声音明显有了兴奋感。要知道，昨天晚上我找合适的图片可是费了不少时间，就是为了让孩子们从图片中感受到秋天的美。

"它是什么颜色？"我继续问。"黄色！""好不好看？""好看！"

"那，带着你的赞美来读这句话——"

屏幕上出示描写银杏叶的句子，孩子齐读。

你看，它把黄色给了银杏树，黄黄的叶子像一把把小扇子，扇哪扇哪，扇走了夏天的炎热。

不愧是小鱼儿教室的孩子，就这么轻轻一点，朗读的感觉立刻就上来了，原本还想指导一下"扇哪扇哪"，结果发现他们直接就读出了"扇"的感觉，所以就改表扬了："你们读的'扇哪扇哪'特别有感情，真的读出了'扇'的感觉，来，再来一遍——"让孩子们把这句话又读了一遍。

接下来用同样的方法，先出示枫叶图，再出示相关文字，让孩子来读。

它把红色给了枫树，红红的枫叶像一枚枚邮票，飘哇飘哇，邮来了秋天的凉爽。

　　这段话里藏着一个词"邮票"，我预设孩子并没有真正理解这个词，因为他们这个年龄几乎是没见过邮票的。

　　所以在肯定孩子们读得有感觉之后，我就直接问："你们知道什么是邮票吗？"孩子们纷纷举起了手。

　　一个孩子说，给别人寄的信就叫邮票。

　　一个孩子说，给别人写信的时候要贴一张邮票，它可以告诉邮递员应该把信送到哪个地方。

　　看来孩子们对邮票的理解确实有偏差。

　　我说信封上写的"地址"是告诉邮递员把信送到哪个地方，邮票可不是这个作用。

　　另一个女孩说，邮票是给邮递员付钱的。

　　我肯定了她的回答，并给孩子解释道："邮票有很多面值，五角的、一元的、两元的……面值越大，说明要邮寄的地方——"

　　"越远。"孩子们接道。真聪明。

　　然后我出示了一张图片，帮助孩子们认识"邮票"。

邮票

同时，我还不忘再夯实一下本单元的语文要素："我们理解'邮票'这个词用的是什么方法？"哦，用的是"借助图片来理解词语"的方法。

理解了"邮票"这个词，再读"枫树"这句话。

继续学习本自然段下面的句子。仍然结合着图片，指导有感情地朗读，孩子读得不太到位的地方我就示范一下。

  金黄色是给田野的，看，田野像金色的海洋。
  橙红色是给果树的，橘子、柿子你挤我碰，争着要人们去摘呢！
  菊花仙子得到的颜色就更多了，紫红的、淡黄的、雪白的……美丽的菊花在秋雨里频频点头。

充分读了之后，我出示第二自然段的全部内容，问孩子们："这一自然段是围绕着哪句话来写的？"孩子很容易找出第一句话——秋天的雨，有一盒五彩缤纷的颜料。

> 秋天的雨，有一盒五彩缤纷的颜料。你看，它把黄色给了银杏树，黄黄的叶子像一把把小扇子，扇哪扇哪，扇走了夏天的炎热。它把红色给了枫树，红红的枫叶像一枚枚邮票，飘哇飘哇，邮来了秋天的凉爽。金黄色是给田野的，看，田野像金色的海洋。橙红色是给果树的，橘子、柿子你挤我碰，争着要人们去摘呢！菊花仙子得到的颜色就更多了，紫红的、淡黄的、雪白的……美丽的菊花在秋雨里频频点头。

（这段话是围绕着哪一句话来写的？）

我又单独把"五彩缤纷"拎出来，问它是什么意思。

孩子们说是形容颜色多。

我举例："如果是黑色、白色、灰色、雾蓝色……能不能说它们是五彩缤纷的？"

孩子们说不能，必须是鲜艳的颜色。我又结合文中提到了颜色——黄色、红色、橙红色……进一步让孩子理解五彩缤纷这个词不仅指颜色多，还指颜色鲜艳。

再扣语文要素："我们是通过什么方法理解'五彩缤纷'这个词语的？"

孩子明白是通过联系上下文的方式。

第三自然段比较短，也没有难理解的词，所以学习就比较简洁，孩子读了之后，找一下中心句，就过去了。

> 秋天的雨，藏着非常好闻的气味。梨香香的，菠萝甜甜的，还有苹果、橘子，好多好多香甜的气味，都躲在小雨滴里呢！小朋友的脚，常被那香味勾住。

（这段话是围绕着哪一句话来写的？）

第四自然段的学习出现了一个小插曲。在找"围绕着哪句话来写的"的时候，有的孩子说是围绕前两句话写的，但有个孩子说是围绕着最后一句"它们都在准备过冬了"来写的。

> 秋天的雨，吹起了小喇叭。它告诉大家，冬天快要来了。小松鼠找来松果当粮食，小青蛙在加紧挖洞，准备舒舒服服地睡大觉。松柏穿上厚厚的、油亮亮的衣裳，杨树、柳树的叶子飘到树妈妈的脚下。它们都在准备过冬了。

（这段话是围绕着哪一句话来写的？）

在后面这个孩子提出想法之后，孩子们分成了两派：一半认为是围绕前两句来写的，一半认为是围绕最后一句写的。

我通过引导孩子把第四自然段与第二、第三自然段的中心句作对比，得出"前两句更适合作本段的中心句"的结论。但我觉得说服力还不够。（如果读者有更好的教学建议，欢迎提出。）

　　课讲到这里，下课铃声就响了。为了把这一课上完整，临时调了一节课，下节课继续上语文。

　　上课铃声响，我准备讲课时，一个女孩报告："老师，晨曦捉了一只小蚂蚱！"

　　最近雨水多，课间孩子们经常在草丛中捉蚂蚱，这些蚂蚱腹部长，青青的，看起来都是些小蚂蚱。

　　被"举报"后，晨曦很自然地站起来走到窗边，把蚂蚱扔到了窗外。孩子们说："放生。"看来以前遇到这样的情况，孩子们都是这样处理的。

　　待晨曦回到座位后，我比了个双手抱臂的姿势，示意孩子们坐好。扫视全班后，我开始读上节课最后停在屏幕上的第四自然段中的话："'小松鼠找来松果当粮食，小青蛙在加紧挖洞，准备舒舒服服地睡大觉。'小松鼠和小青蛙是这样过冬的。晨曦，这个假期给你布置一项作业，你去查查资料，看小蚂蚱是怎么过冬的。"

　　我话音刚落，其他孩子就说："我也想做这项作业。"哈哈哈。

　　第二到第四自然段讲完后，总结这三个自然段的写法：都是围绕着第一句话（中心句）来写的，引导孩子学习这三个自然段的写法。

　　我给了孩子们一个"中心句"——朗星小学真美呀！

　　孩子们开始"分写"。有的说爬山虎真美，爬满了围栏；有的说农场很美，有可爱的小鸡，威武的大鹅，戏水的鸭子；有的说朗星小学的孩子们很美……

　　我肯定之后，又举了个例子，如果以"爸爸是个吃货"为中心句，该怎么写？让孩子们在好玩的感觉中体会写法。

　　一个孩子说："我也想到一个中心句——夏天很炎热。"我说："恭喜你，这个是你的假期作业，假期时你来围绕这句话写一段话。"孩子们又笑了。

玩笑过后，进入下一个环节，把第一和第五自然段串联一下，先出示问题：如果秋天是一个园子，是谁打开了它的大门？

孩子们很快回答：秋天的雨。

好，读第一自然段（出示课件），重点指导两个"轻轻地"。

我继续过渡，引出课文主要内容和最后一个自然段："秋天的雨像一把钥匙打开了秋天的大门，所以我们看到了秋天缤纷的色彩、丰收的景象和动物植物们过冬的景象（出示课件），真美呀！让我们一起来赞美一下秋天的雨吧——"

孩子齐读最后一个自然段（再出示课件）。

> 如果秋天是一个园子，是谁打开了秋天的大门呢？
>
> 秋天的雨，是一把钥匙。它带着清凉和温柔，轻轻地，轻轻地，趁你没留意，把秋天的大门打开了。
>
> 缤纷的色彩　丰收的景象　各种动植物准备过冬的情景
>
> 秋天的雨，带给大地的是一曲丰收的歌，带给小朋友的是一首欢乐的歌。

每个自然段都精确学习过了，最后，我引导孩子调整坐姿，拿好课本，让孩子有感情地再朗读一遍课文。我没忘给他们"戴个高帽"："老师准备好了享受一场听觉的盛宴！"给孩子们起头后，孩子开始有感情地朗读。

在听孩子朗读的过程中，我听到身边的一个孩子把"一曲丰收的歌"读成了"一首丰收的歌"，就引导孩子理解"一曲"和"一首"意思相同，但是用不同的词语表达，可以增加句子的美感。这是自己长时间写作时培养出的敏感。

但今天在看丸子老师发给我她写的课堂实录的时候，觉得他们班的一个孩子对这两个字的理解非常妙——

萌萌压轴出场，她说：

"一曲"这个词，比较正式，"一曲丰收的歌"是送给大地的，送给大人的，要用"一曲"；"一首"这个词，我们生活中常常使用，"一首欢乐的歌"是送给小朋友的，当然可以用更随意的词语啦。作者应该是特意这样写的。

孩子真了不起！

环节六：处理课后题，检测识字情况

课后第三题是一个仿写练习。

○想象一下，秋天的雨还会把颜色分给谁呢？照样子写一写。
它把黄色给了银杏树，黄黄的叶子像一把把小扇子，扇哪扇哪，扇走了夏天的炎热。

读题之后，告诉孩子们，既然要照样子写一写，我们就要先分析一下这个"样子"，这样才能写好。

这句话一共有四个短句。第一句"它把黄色给了银杏树"，我们仿写的时候就要写"它把××（颜色）给了××"；第二句"黄黄的叶子像一把把小扇子"，这是一个比喻句；第三句"扇哪扇哪"，要写出你比喻成的那个东西的用法；第四句写结果——"扇走了夏天的炎热"。

给孩子们五分钟时间在课堂上仿写。但在巡视的过程中，我发现孩子们并

不太了解秋天，他们不知道秋天里会开哪些花，结哪些果。所以有的孩子写了"红红的草莓"，还有的孩子写了"粉色的荷花"，有的干脆抓耳挠腮想不起该写什么。

如果这里能给孩子几张图片提示，可能会更好一些，这是备课的疏忽。

最后处理了本课要求会认的字，先在"语境（词语或短语）"中让孩子们熟悉字，再把字单独拎出来检测，把多音字和形近字标了出来，便于孩子们区分。

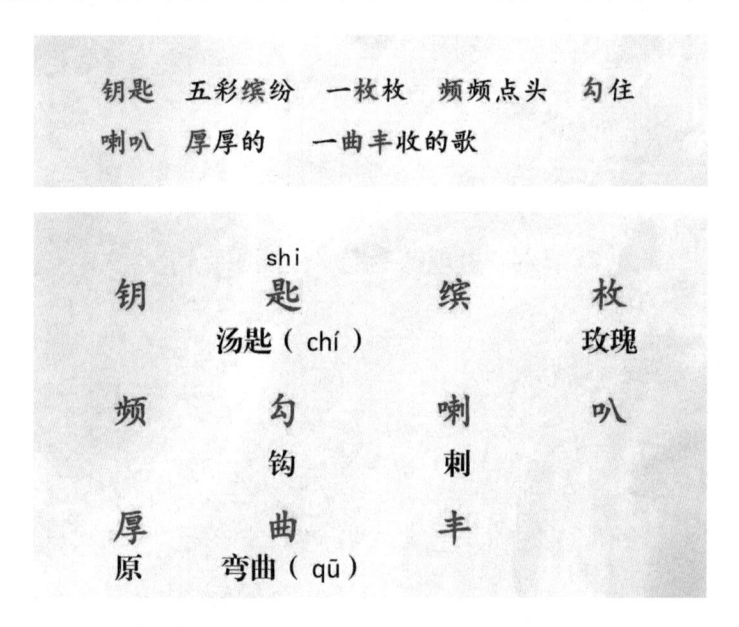

钥匙　五彩缤纷　一枚枚　频频点头　勾住
喇叭　厚厚的　一曲丰收的歌

钥	匙 shi 汤匙（chí）	缤	枚 玫瑰
频	勾 钩	喇 刺	叭
厚 原	曲 弯曲（qū）	丰	

处理完生字后还有几分钟时间，我让孩子们把课后链接的文章读了读，并让他们尝试一下学到的方法：圈出文章中不理解的词语，找一找文章中哪些自然段有中心句。

没来得及交流，下课铃就响了。

小　结

这节课，紧紧围绕着语文要素和课后习题设计。原本想试试一个课时能不能上完，但因为孩子们没有预习，前面自主探索（找出自己不理解的词语）的部分也有一定的不可控性，所以一个课时明显不够。

如果在没有上课之前就按两个课时来设计，第二课时可以匀出一些时间学习会写的字，这是上课之后的一个小反思。

我素来认为PPT要简洁，不要花哨，所以这节课的PPT也尽量简单，让孩子多接触课本。

第一次在"老干备课"的指导下上课，感觉这篇课文本身比较简单，也不具有经典性，所以上得不像之前上过的几篇经典课文那样，最后常给人通透感。写出来，供同行批评指导。

上课的照片（白月老师摄）

第四辑

以文化为引领，让所有生命自由绽放

在校长岗位上已经七年了。我一直期待通过文化来引领一所学校的发展，而不是用管理来控制师生；让自己成为老师们的榜样，发挥校长对一所学校的影响力；欣赏每一位教师的独特性，帮助他们走上专业发展之路。由此，惠及每间教室里的孩子。

闲话"校长"

写在前面：这是正式走上校长岗位的前几个月写的一篇文章，记录的是一个从没想过要做校长，却有可能要成为校长的老师的心路历程。文中对如果自己拥有一所学校的设想，仍然是我做了校长之后对自己所带学校的期望。

一、无畏和畏

很多时候，我是无畏的。

比如，从体制内辞职时，我是无畏的。只要有手有脚、不傻不糊涂，就能保证最低级的——吃饱穿暖这种生理需求的满足，有什么好怕的呢？

有人说，你要是在南明待不下去了，怎么办？很简单啊，待不下去就走人。加入团队是我自由的选择，我不会赖着团队哭死哭活地说："我把身家性命都托付给了你，你要为我负责到底！"如果我不能胜任这个团队中的任何角色，或者真有一天，这个团队异化到我无法忍受的程度，那就离开好了，不过是去面对另一种生活的尝试，大不了我回去开家小店，街头卖个烧饼说不定生意也挺红火。

所以，在做一个决定之前，我一般都习惯想想最坏的结果。如果最坏的结果也并不可怕，那尽管把脚迈出去好了。

但是我其实也是有畏的。除了不可控的天灾人祸之外，我的"畏"就很有限了。

第一，我畏"爱"。在"爱"这种人类的高级情感面前，我是无力的。它超越一切世俗、规则，总能较轻易地束缚我。比如母爱。加入南明时，我最担心的是儿子的成长，担心我将他带离熟悉的家庭环境，他不能在浓浓的亲情中长大，他的生命会缺乏一些根基；担心太过纯净单一的环境不利于他生命的发展；担心因我的忙碌，不能给予他足够的陪伴。向上，我担心不能尽孝，在老人最需要我的时候，我不能陪在身边；或是在他们最该享福的晚年，因为要帮我照顾孩子而深尝寂寞，不能拥有自己的生活。

第二，我畏虚浮，就是生命不在场。我不怕活得痛苦，痛苦往往有一种更大的力量让我与生命、与宇宙万物有更深刻的交织，而虚浮的状态让自己与生活和生命相隔，像是失去了根基，只浅浅地在岁月中滑过。这时，会感到无比焦灼和迷茫。

对前一种"畏"，除了保持理性外（比如在母性之爱中加入父性之爱），别无他法；对后一种"畏"，只有积极寻求解决之道。

二、从摆脱到摆不脱

走上纯粹的"校长"岗位，是我对第二种"畏"的抗争。（当然，或许一定程度上，它也能让第一种"畏"得到缓解。）

我对"权力"没有任何一点欲望。如果非要拉扯些理由来解释我对"权力"的接纳，我能想到的词就是"内圣外王"——大家不是因为你的职位而尊重或貌似尊重你，而是因为你的品行和魅力，由衷地尊重或敬畏你。就是说，一个"领导"，首先修炼的是自己的内心，成为照亮自己的光，再去影响和照亮别人，这才是我心中的"王道"。

初到南明教育旗下,刚刚挺滋润地带了半年班,一个电话把我推到了领导的岗位上,让我做"副校长"。在一个脚尖刚刚落地的团队里,突然被委以重任,内心的惶恐可想而知。三位总校长的资历和学问对我而言遥不可及,这自不必说,可团队里有那么多的榜样教师、"大神"级的人物,哪轮得到我来做领导?这实在是百思不得其解的事。在这里,我目前不过是个"黄毛丫头",内未"圣",岂可为"王"?

有时候,我会安慰自己:

嗯,干国祥老师不是说了吗?当领导一定不要"逞能",表现得自己啥都会,要让老师们亮起来!

嗯,魏智渊老师不是说了吗?像苏霍姆林斯基一样一定要每天听两节课的教导主任式的校长已经过时啦,校长懂管理就行了,不需要对课程那么精通。哦哦,大概是我学习力还可以,所以大家想让我学习一下如何做管理吧?

嗯,那谁不是说了吗?南明现在不缺班主任,缺管理人才!而且"校长"都是指定的,不是谁想当就可以当的。哦哦,也许我人格条件不差,管理上也还有潜力可挖……

于是,在经历了一段"同一性"丧失的时光之后,我做了一个抉择:做一个纯粹的"领导"。

三、在否定中寻找自己

然而,这次"当领导"是被动之下的主动选择。于是,能感觉到,在一部分人眼里,这个选择带有"追名逐利"(或虚荣)的性质——长久以来,人们(包括我自己)认可的价值观就是——"给我一个班,我就心满意足了""课程做得牛,才是真的牛"等。在这个团队里,大家除了认可三位总校长,就是认可那些在教室里、在课程上、在学术上切磋琢磨的榜样教师了（我当然也对他们深怀敬意）。因此，尽管我也非常清楚团队要发展，要开拓新的领地，必定要培养一批领导人才（总不能每个学校都由总校长来做校长，也做不过来呀），但我仍怀疑我自己——你有什么资格被培养？这里这么多"潜力股"，凭什么你首先要被培养？

是的，谦逊如我，肯定要经历一段自我否定期，以及"存在感"的丧失期——上有总校长、执行校长，下有给力的班主任，要你何用？要你何用？！

呃，真的没用吗？几年前我就悟出"管理"在很大程度上就是"服务"（货真价实的自悟啊，绝非从书本中所得），尽己所能为大家"服务"不就可以了吗？

何况，即使有一天，我真从丑小鸭变成了白天鹅（内圣外王的校长），我也永远不会丢掉一颗"谦卑"的心，这本身就是多么可贵的品质啊！（允许我嘚瑟两下不？）

四、少有人走的路

前日，干国祥校长再次为"校长"正名：对于目前的南明来说，课程不是第一位的，不要觉得班带得好，课程做得好就够了，如果不培养一批自己的校长，不能为这些榜样教师们遮风挡雨，班级如何还能好好带？课程如何还能安心做？

物以稀为贵。现在南明稀缺的是什么？可以承担一所或大或小的学校的校长啊！（内心有洪流在奔腾——又被崇高的使命感笼罩了……）

是不是可以笑得更甜一些？

当然，重要的是，我终于在"领导"这个角色上安下心来。

我知道各科课程还是要跟进学习的，自己也需要在探索（阅读和实践）中寻找自己真正的热爱所在。但是，我不再想，如果小溪流教室还属于我，我会做些什么了。

在南明这个林子中，路有千万条，但我选择了"少有人走的路"——我就是一个管理者，一个"准校长"。

五、假如我来带一所学校

定位之后，今天我忽然想，假如我来带一所学校，我会希望它是什么样子的？

首先，它是润泽的。

无论是师生关系，还是生生关系、家校关系、领导与老师的关系……都是润泽的。大家可以为学术或知识争得面红耳赤，可以个性张扬，但在人与人的关系上，是彼此信任和友善的，相互理解，团结协作。向内，营造一个可以愉悦工作和生活的家园；向外，打造一支齐心协力、拥有共同文化的团队。

其次，它是相互尊重的。

从教师层面上来说，无论身处哪个岗位——校长、主任、学科教师、生活教师、餐厅人员、门卫、图书管理员……从学生层面上来说，无论处于哪个水平——各门学科的佼佼者，或某个学科的佼佼者，道德人格发展到较高层次的，生命还处于遮蔽状态有待于唤醒的，行为礼仪已经养成的，在某些方面还需要老师或同学帮助的……总之，无论师生分别处于哪一级哪一层，人与人之间都应以"相互尊重"为底线，不嘲笑、不歧视，不因"名利"的相争而愤愤不平。在"尊重"这个底线的基础上，对某一领域作出卓越贡献的人给予敬重，无论他/她是一个让自己的学科亮起来的老师，还是把班级带到一个高水准的班主任，或是做出可口饭菜的大厨，还是把卫生保洁工作做到卓越的清洁师傅……大家岗位不同，分工不同，但都需要对卓越者致以同样的敬意。

最后，它是具有生长性的。

无论学生还是老师，或是服务人员，都以"成长"为生命的姿态。在人格上修炼自己，在专业上发展自己，像打磨玉石般来打磨自己的生命，认识自己，寻找自己，成就自己。如此，才是对生命的不辜负。

总之，我希望它是一所活泼的、有爱的、能让学校里所有的人都如其所是地成长、幸福地劳作（学习）和栖息的处所。

六、驾驶"学校"这辆车，向前走……

如今，我像一颗种子一般，被埋进了一块被称为"南明校长培养基地"的土壤里。岁月深处，我能否不负众望，为团队承担更大的使命？如果"仁"足够，"智"可以慢慢提升，那么"勇"在哪里？

当我追问自己的"勇"时，我想起了自己学开车的过程。

八年多以前，考驾照还不像现在这样热门，在我身处的县城，有私家车的人的比例也还很小。接近而立之年的我，一个瘦弱的女子，去学开车。科目一自不在话下，但被科目二的"倒库"难住了，怎么都不能让汽车乖乖地听指挥，妥妥地倒进"库"里。很清楚地记得，有一个瞬间，我忽然想：连倒个库都这么难，以后要独自驾车穿行在车水马龙中，这简直是天方夜谭啊！我突然就对学开车失去了信心。可是，在练习时没有妥妥倒进一把的我，在考试时，竟然作为当天的第一名考生顺利过关（当然与我强大的临场不乱的心理素质有关），出考场时赢来一片艳羡的目光。

拿到驾照，开上汽车，身边的人总是觉得不可思议——一个看似柔弱的女子，怎么会驾驭得了一辆比她大那么多的汽车，还有同事调侃我：你坐在车里，汽车好像无人驾驶似的（瘦弱得看不到人了）。然而我知道，我的能量可能有时真的与我的外表不匹配。从在县城的路上慢慢开，到频繁地在县市之间往返，范围在一点点扩大。被召到南明（先去新乡）时，需要每周在高速路上奔一个来回，单程约80分钟，知道的那一刻，我又怵了——跑高速？！一个多小时？！每周一个来回？！天呢！太远了吧？我哪独自跑过高速呀？会不会很不安全呀？我能开下来吗？！

尽管内心真的很怵，但还是硬着头皮开车上路。前几趟，每次到达目的地时我都累得要命，路上紧张啊，眼睛不敢眨啊，生怕会有什么紧急情况自己处理不了。可是，慢慢地，越开越放松，这样跑了大半年后，上班下班，分别80分钟的车程，对我来说已经十分轻松了。

再然后，要到运城来。先查火车车次，查过后好绝望啊！最方便的只有一班车，可惜到达时间是凌晨一点左右，这明明就是靠不住的节奏啊！怎么办？还得自己开车。可再一导航，妈呀！路上得三四个小时！我哪能开得了那么长时间啊？有一瞬，我又开始觉得，这对于我来说根本就是不可能的事！第一趟，是孩子爸送我过来的。第二趟，我自己开车上路了。上路之前，好像面对的是一个艰难的征程，但是一路开下来，发现还好。然后，来回几次之后，一口气开三四个小时也不在我话下了。回想我在拿不下"倒库"这个技术时，一定无法想象有一天自己还能开着车"走天涯"。

也许因为这种一次次向不可能挑战的经历，让我在面对一个未知的领域感到惶恐时，能给自己一些些勇气。很多路不是想出来的，而是走出来的。无论如何，只要上路，就有很大的可能到达自己想象不到的那个地方，做"校长"何尝不是如此？

车（学校）看似强大而难以驾驭，但是把好"方向盘"，刹车、加油收放自如，也是有好好开着它向前飞驰的可能的吧？

走吧，向前走……

校长李末

写在前面：写李末校长，其实是因为我非常认可他带学校的方法，所以也是在写我心目中的好校长类型之一。希望身边像这样的好校长多一些。

写完这篇文章后得知，李末校长前一天刚被任命为一所新建中学的校长，用李末校长的话说，我的这篇文章，是他十年小学从教生涯最好的注脚。

我不记得怎么认识李末的，也不记得认识了多久，应该有好多年了吧。

1

早上六点，朋友圈里的第一条新消息是李末校长发的，刚发布1分钟。

他一如既往地在每个工作日清晨以"早安，石楠"的话题发布一条朋友圈，如果论交际语境，他言说的主要对象是他学校的老师（因为他的学校是"石楠路"校区），朋友圈里的读者都是连带受益者。

"早安，××"应该是魏智渊老师的原创——在那段网师岁月里，每个清晨，他都在微博上以"早安，南瓜蜗牛们"为话题给网师学员们说几句话，生命感悟、成长激励，都在其中，是网师学员们的一份富含营养的精神早点。

以前我在做学校教务主任的时候也模仿过这一点，每天清晨，以"早安，老师们"为话题，分享我的教育理念和学习收获，用微薄之力为同事们的精神世界送去一些光。

李末校长今早的"早安，石楠"是这样的——

> 世界上有七十多亿人，我们一生能遇到的几如沧海一粟，遇到了就是缘分。如果，你缘分内的人还以宽容、温馨、仁爱、支持的姿态对待你，那么，你除了感恩，还能有什么言语？很庆幸，我遇到了很多，一大群，又一大群。如此，当我又一次敲下了"早安，石楠"的时候，才能在夏日微凉的晨光里，热泪盈眶。

我没有点开配图，在隐约困意中直接回复了一句：校长给老师们的情话。

上班后我才点开图片，第一张是学校全体教师的合影，第二张是学校中层的合影，第三张是操场上的学生们。

下面回复一颗心和一个流泪表情的，是他的一个中层。

回复"这世界那么大，多幸运，你有个他们"的，是他的爱人。

他是这样描述他的老师们的：宽容、温馨、仁爱、支持。

是老师本就这么好吗？可能是。

也可能是李末校长的管理激发出了老师们身上的宽容和仁爱，从而形成了一种温馨的人际环境，也因为老师们对他认可和敬佩，才心甘情愿地给予他支持。

此处，你可以用上一句句耳熟能详的管理金句：

> 管理就是激发人的善意。
> 一切管理都是自我管理。
> 一个好校长就是一所好学校。

内圣外王。

……

这些，李末校长都做到了。

2

大概三年前，在一次校长交流会上，我曾经听他讲述过他的故事。

因为是网师学员，李末校长对新教育理念非常认可，在魏智渊老师还在北京丰台二中新教育实验小学任校长的时候，他怀揣着十万块钱跑到北京，要买"全人之美"课程。

魏老师问了他一句话："你是校长吗？"

"我不是校长，是副校长。"李末说。

"那你回去吧。"魏老师回复道。

讲完这几句，他说："从北京回来之后，我有了一个愿望——我要当校长！"

他要当校长，为的是课程，"全人之美"课程。

因为只有做了校长，才能真正在学校推动"全人之美"课程，在魏老师看来，副校长的能量可能不够吧。

3

后来，他果然当上了校长，去掉了"副"。

据我了解，他接手的学校基础并不好，家长文化水平有限，生源自然也不太好。而且校舍陈旧，教师队伍也缺乏活力。要想从外到内改变一所学校，需要坚定的信念，专业的引领和卓越的管理能力。

当时还未不惑的李末校长，面对现状，自然是有足够的杀出一条血路的勇气。

因为他一直关注着南明，所以也时刻留意着南明教育旗下学校的信息。

在那次校长分享会上，我发言之后坐在台下，李末校长问："怎么调动老师们工作的热情？"

我说，主要还是靠学校文化吧。他若有所思。

通过一句问话，我就知道他是个真心想把学校做好的校长。

后来，他在自己的努力下，邀请干国祥老师、魏智渊老师、马玲老师等一众南明人去学校给他的老师做培训，再加上他自己对"全人之美"课程的认可、理解和推进，他的学校越来越有南明味儿。

从校园文化的布置，到课程的楔入，他将公立体制与"全人之美"课程进行了有机融合。

教师共读开始了。

器乐日课开始了。

晨诵课开始了。

轮滑课开始了。

整本书共读开始了。

小桥音乐会开始了。

期末庆典开始了。

童话剧开始了。

……

这些富有南明特色的儿童课程、生命课程，他用了三四年的时间稳步推进，逐一落实。

我看见了一个生机勃勃的学校样态。

4

我虽与他真正接触并不多,甚至只有几面之缘,但在朋友圈里是老朋友了。

我能想象他对学校的管理。一个认可并了解南明理念,而且仍然在新网师里沉浸的人,一个深度阅读过数本南明共读书籍的校长,他的管理必然是以学术为中心,眼里有人的。

眼里有人,不只是眼里有学生,更重要的是眼里有老师:尊重老师,信任老师,有耐心等待有潜力的老师成长并给予他/她指导和帮助。

校长眼里有老师的时候,老师眼里自然就有学生了。

他刚接手这所学校那一两年,发声并不多。我想,他是在默默改变着学校,像"南瓜"一样——

> 洋葱、萝卜和西红柿,
> 不相信世界上有南瓜这种东西,
> 它们认为那是一种空想。
> 南瓜不说话,
> 默默地成长着。
>
> ——《当世界年纪还小的时候》

最近一两年,从他的朋友圈中,我感受到了他的厚积薄发。

他好像是国培的讲师,每次讲课或应邀讲座都得到听课老师的高度评价。

他写过两三篇长文,讲学校管理,很有深度,被知名公众号或媒体转载。

他有一个叫"末言居"的公众号,关注者应该不多(因为每篇阅读量并不大),以比"月更"(一个月发一篇)还低的频率偶尔发篇文字,大多是他工作中的"碎碎思",随手记录下来,攒一些了就发出来。我想,阅读量不大的一个重要原因是——干货太多了!句句沉甸甸的,"不明觉厉"。

但这一定也是他校长魅力的一部分。

5

他因为内心有信念,行为就会有坚守。

如果仅此也便罢了,他至多落个专家型校长的名头,但他还有另外几面。

他拥有美满的爱情和婚姻。你知道,这两者融为一体,并不容易,但他和爱人小葛,是我见过的夫妻里最幸福的模样。

小葛常给我的朋友圈点赞、评论,笑容很甜,是我很喜欢,我认为也的确值得李末好好爱的女子。

印象中是他追的小葛,虽然追到了手,但感情一直保鲜,有了两个可爱的儿子。他们经常分享儿子们的成长,分享一家人的幸福生活。

每年结婚纪念日,李末会给小葛写诗,字漂亮、诗深情,羡煞旁人。

儿子们生日,他们各自会给孩子写一封生日信,爱子之心溢于言表。

两个人在生活上相濡以沫,在事业上相互扶持。小葛新被任命为高新二中的校长,从此,与李末更是比翼齐飞。

李末会变魔术,经常穿着睡衣,在儿子们面前露一手,同时发到视频号,以飨观者。我曾亲眼见他变魔术,睁大眼睛也看不出东西是怎么变没了的。

哦,对了,他和我一样爱吃杂碎,酒量也不小,文人墨客若再染了江湖豪情,魅力值便更要加分了。

还有,听他自己爆料,他中学时曾被退过学,让我觉得自己一路"好学生""好老师"的青春真没劲儿。

我长他几个月,为自己认识这么优秀的同龄人而感到幸运,更为教育界有这样的校长而感到开心。

祝福李末,祝福小葛,愿你们厚爱的生活也给予你们丰厚的回报。

性格温和的人能不能做校长？

1

有次，我到郑州后先见了几位朋友，傍晚回到我在郑州居住的小窝。一番收拾后，翻了一下朋友圈，看到温州的周国平校长发了一篇新公众号文《第16站：厦门担当者阅读论坛（续2）》。他在文中写道："这就像原卫华校长一样，大家怎么看她都不像校长，而李末校长一看就是一位经验老到的校长。"

我复制了这句话粘贴在他朋友圈的评论里，并补充道："哈哈哈，'经验老到'，周校长用词总是这么准确！"

发完后，忽然觉得有话想说，就"碎碎念"一下。

2

我以前从没想过我会当校长。

2015年加入南明教育时，我已经拿了不少教育教学方面的奖了。原以为提升空间不大了，但是没想到，冲着提升自己的专业水平加入了南明教育，反而很快成为副校长，后来又成了校长。

那时候，没有抗拒这个职务，是因为我在南明教育看到了一种新的校长样态，像当时还任内蒙古罕台新教育实验小学校长的干国祥老师，任运城新港实验学校校长的魏智渊老师，任运城国际学校校长的王志江校长……哦，原来校长还可以是这样的！可以带着老师共读、教研、开发课程，以日以年，精耕细作。

嗯，如果我也能成为这样的校长，挺好。

但是，我能行吗？

所以，当团队把我扔进"校长培养对象"这个筐里时，我一边设想，一边忐忑，写下了《闲话"校长"》（本书第241页）这篇文字。

3

就这样，从一所小而美的学校开始，我正式踏上了"校长"这条道路。

最初，我自己都觉得自己不像校长。别人说我苗条时，我说："哎呀，可烦，不多长点肉，当个校长都没气场。"大家觉得我是在"凡尔赛"（炫耀），但这是我的真心话。

没办法，胖是胖不起来的，但校长总得当。

怎么当呢？我渐渐发现：按自己的性格和风格做校长是最省力，也最有效的。

于是，我一次次地在"校长"这个岗位上重新认识自己。

自己的性格最突出的特点是什么呢？温和。

温和是不是代表着软弱？不，只是不喜欢强硬的管理方式，不喜欢激烈的表达方式，不喜欢用校长的权威去威吓大家。我希望校长的威信是自己赢得的，而不是应得的。

怎样赢得威信？需要正直、公正、专业、有逻辑，甚至高效，等等。那就努力去这样做吧。

但是，如果不能用威严管理学校，怎样保证一所学校的正常运行？那就用制度吧。制度是硬的，保证底线。在制度之上，要像上面提到的几位校长一样，把学校文化做起来。因为在我心里，学校文化一直如空气一般，健康润泽的空气是所有师生健康成长的保障。

所以，这些年，逢着与其他同行交流学校管理，我都会说：用制度管理人，用文化引领人。我觉得这也是自己的一条原创金句。

那什么叫按自己的"风格"做校长呢？

这里的风格，当然也包含着"性格"，但它更多的是指自己的优势或特长。

比如干老师做校长时用他自己的优势带老师们啃读经典，创造了卓越的"全人之美"课程；比如魏老师做校长时对纪律管理等进行研究；比如江子校长的工作日程表上密密麻麻地都是教研和共读……这都是他们带学校的风格。

做校长也有几年了，就见到了更多好校长的样态。

前面的文章《校长李末》，写的就是一个我理想中的公立学校校长的样态。

比如蝶湖小学的张智慧校长（我俩的风格确实有点像），她也善良、温和，对每一位老师都像大姐姐甚至妈妈，发挥自己的优势，把蝶湖小学带得风生水起。

比如温州的周国平校长，见到真人，感觉大家给他的"是个大男孩"的评价非常贴切。他有活力，敢想敢干，而且坚持给老师们写信，把一所破旧的乡村小学办成了美丽的名校。

比如龙美小学的贺佩佩校长，她聪明、果敢，遇事冷静，又心怀慈悲，也是一位好校长。

因此，正所谓"君子不器"，校长也不能被某种标准格式化，参差百态乃是幸福之源。

4

最近因为自印的一本小册子和在"担当者行动"做了一场分享，收到的赞美非常多。以前被夸一下还发个朋友圈，现在都捂着不想让人知道，怕被关注。

因为就像我曾经说过的：作为一名老师，领导说你好，家长说你好，学生（低年级）说你好，你不一定是真好；但如果同事说你好，说明你是真的好。

同样，作为一名校长，领导夸你好，外校同仁或远方网友夸你好，甚至家长夸你好，你也不一定是真的好，但学校老师夸你好，那你是真的好。

当然，每一位校长都不可能赢得所有老师的夸赞（这样的校长可能反而是危险的），每一所学校也不可能让每一位家长都满意，但我觉得，来自自己学校老师的肯定，比他人的赞美更让我觉得欣慰。

5

青春期，我确立了自己的人生观：人活一辈子，就是为了体验生命的各种滋味。

对我来说，"做校长"也是一种人生体验。在这种价值观的引领下，人会有很强的韧性。而这种韧性，又给予温和一种力量，让我在校长岗位上一次次面对挑战的时候，都不会轻言放弃，而是想办法去解决难题。

做你自己，你的优势就是你的翅膀，会将你带往远方。

不要成为让老师讨厌的校长

翻看订阅的公众号，被一篇文章题目吸引——《什么样的领导最让人讨厌？》。每一个做领导的人看到这样的题目，大概都会点开看一下，对个号入个座，看看自己有没有中招，我这个做校长的自然不能免俗。

文章我大致浏览了一下，抓了下中心思想，是说领导要多给员工自主权，不要用高控制给员工过大压力。对照的结果是：我自我感觉不是这样的领导，至少意识上是非常认同要给大家多一些空间和自由的。但领导有时会自我感觉良好——想到了好像就已经做到了，实际真做到了没有还有赖于伙伴们的反馈。

然后就看到了留言区里因被点赞次数最多而跃居首位的一条留言：分不清工作时间和私人时间。不承担自己的责任，"甩锅"给别人。

我也顺手给这条留言点了个赞。

这条留言吐槽的其实是领导的两种行为：第一，分不清工作时间和私人时间。第二，不承担自己的责任，"甩锅"给别人。

我刚好一直想就第一种行为写篇文字，那就借此机会写写吧，顺便也把第二种带上。

1

我记得自己刚参加工作那些年，工作时间和私人时间一直是泾渭分明的。我周末经常带孩子逛公园、看电影，全心陪伴家人，心里基本不装工作。而且那时下班就是下班，晚上看两集电视剧，打扫打扫家里的卫生，都是正常的下班生活。当然，如果自己承担了比赛任务，非工作时间主动工作也就理所应当了。

但最近发现，很多老师工作和生活的界线越来越模糊了，下班了也得时刻关注着群消息，以便及时回应或处理与自己相关的工作。难道之前的"泾渭分明"是因为没有微信和钉钉？

所有的工具都是双刃剑，微信和钉钉也不例外。它们使工作更便利，使学校教育变得更细致周到，但使用不当，也会产生一些副作用。我想，这位吐槽领导"分不清工作时间和私人时间"的朋友，可能少不了在私人时间里被微信之类的沟通工具打扰，尤其是来自领导的打扰。

既然身处信息技术已经如此发达的职场，私人时间完全不被打扰也不现实，总有些紧急的工作需要侵占一些私人时间，需要与同伴进行些交流，与家长进行些沟通，这类正常事件我相信老师们也都能理解。

但领导如果把侵占老师的私人时间当成常事，理直气壮，甚至经常深夜"骚扰"以示自己对工作尽职尽责，那么你真的很（活该被）讨厌。

如果你是高控制型校长，处处要显示校长的权威，让老师唯命是从，那么你在下班时间的打扰更是雪上加霜。

现在教师的工作时长真的很长。有的老师早上不到七点就得出门上班，下午六点多才能到家（这还是正常下班、没有晚自习的情况下），班主任往往下班时间更晚。在学校已经工作了十一二个小时，晚上回家可能还要再想想或备备明天的课，回应一下家长的消息，属于自己和家人的时间已经很短。如果领导还习惯在晚上反馈工作，时不时把大家批评一通，让老师听到消息提示音就恐惧或烦躁，工作怎会不变成痛苦的劳役？

如果没有特殊情况，周末的时间更应该还给老师，少人为地安排额外的工作。如果教师的生活中只剩下工作，对学生来说是一种灾难。在第二辑，我写了一篇文章《你所有的才华，都可以借教师这个职业发挥得淋漓尽致》（本书第64页），如果教师的时间被塞得太满，没有时间读书，没有时间看风景，没有时间去体会亲情、友情、爱情，没有时间去进一步发展自己的爱好，没有时间或心情去了解这个世界日新月异的变化，那么他/她只能死教书，教死书，不可能让知识在学生的头脑中活起来。

身在职场，有时确实有一些无奈。部分工作和任务不得不让老师们拿出一部分休息时间来完成，校长也有责任让相关老师高质量地完成工作。但校长也必须体谅大家的辛劳，而不是在这些工作之外，再给大家制造负担和恐惧。

当然，我曾经也见过几乎是把大部分的私人时间都奉献给工作的人。但是这种奉献不是领导的要求，而是身处一个学术氛围浓厚的团队，大家自发自愿地在休息时间仍然认真做很多与工作相关的事情。比如写家长信，备下一周的课，写教育随笔，准备教师微演讲，等等。如果校长带一所学校，能把老师们带到"不用扬鞭自奋蹄"的状态，那么这位校长无疑是一位优秀的校长。

2

其实很多校长也知道"功给他人，错归自己"的道理，但在实际工作中很难做到这一点。或者在遇到问题的时候，刻意把过失揽到自己身上，让下属看看——我可是具备这种品德的校长啊！

我是不大喜欢这样的领导，做事情喜欢把"道德""品德""人格"亮出来，显示自己的高风亮节。

我觉得，自然一点好。

但吊诡的是，"不承担自己的责任，'甩锅'给别人"的校长，还经常是会给自己贴"品德高尚"标签的校长。

顶着这样的标签，在实际工作中却推脱责任，实在是屡见不鲜。

比如某项工作完成得不好，逮着下属一顿猛批："怎么做事的？弄成这样？"实则自己也有过错，却意识不到，或为了显示校长的权威，闭口不提。

所以，"承担自己的责任"其实不是嘴上说说，而是一种思维方式。凡事都从"我"出发，事情完成得不好，或哪位老师、哪个班级出现了什么问题，一定是先从自身、从学校管理方面找原因：是不是学校安排的工作不合理？是不是这件事情的流程没有给老师说清楚？是不是最近自己对这项工作关注不多？是不是给这位老师的指导不到位？……先有这样的自我反思，再去思考其他因素，这才是真正的"承担自己的责任"。

凡事从"我"开始，是一个人担当的表现，也是一个人修炼领导力的出发点。遇事不要先埋怨别人、抱怨环境，而是先想想我可以做什么？我做些什么可以扭转这个局面，改变这个人？这样思考的时候，你就是自己的管理者，并能够逐渐成为他人的领导者——真正的领导，内圣外王的领导，为自己赢得尊重，而不是靠领导的职位获取所谓应得的尊重。

这种先从自身找原因的思维可以从小培养。小孩子打架，凡被老师拉到跟前的，总是出口就指责"他/她怎么怎么了，我就没怎么怎么"。我做班主任的时候，每当有两个或几个学生发生矛盾，我总是让他们先想想、说说自己错在哪里。大部分情况下，无论是正方还是反方，都能想到自己的错误（当然不排除有的学生是纯躺枪，真的被欺负）。好，先说说，认识到自己的错误了，老师再来给你们评评理，还弱势方一个公道。

久而久之，两个学生一到我跟前，我不用开口，他们就低着头，喃喃地先说自己错哪儿了，有时还说说自己认为对方错哪儿了。解释开了，最后，化干戈为玉帛。其实学生自己心里知道对错，只是还控制不了自己的行为，谁让他们还是孩子呢！

哦，对了，问题处理完后，我通常会让学生们握握手，表示他俩以后还是好朋友。握手的时候，经常会看到两个学生破涕为笑，那些不愉快，真的就烟消云散了。

凡事从"我"出发去寻找原因，不要简单地揽过，也不要粗暴地批评。多和老师站在一起，有风雨，我们一起承担。

与大家共勉。

"三风一训"不应只贴在墙上，也应刻进心里

"三风一训"，即校风、教风、学风和校训（通常把"校训"放在"三风"前面），是学校文化的重要组成部分，彰显着一所学校的办学理念及存在方式。

本学期开学的第一次全体教师会上，我向老师们阐释了朗星小学更新后的"三风一训"。

校训：相信种子，相信岁月。

这八个字的经典性已无须赘述。它包含着对生命的无限信任，耐心等待——无论你此刻是什么样子，已经初展娇颜还是沉寂无声，昂扬挺拔还是迷茫晦暗，我们都相信你身上蕴含着无限的可能，你将来能够成为最好的自己，成为一个自我实现的人。

没有这种信任，教育将没有光亮。

校风：辛勤劳作，诗意栖居。

这一条是面向一所学校所有师生的。它取自荷尔德林的"人充满劳绩，但诗意地栖居在大地上"。

"充满劳绩"强调的是"勤"，勤劳，勤奋。我们相信天道酬勤，相信付出与回报会成正比。我们相信劳作（工作和学习）是热爱生命最好的方式——如纪伯伦所言："工作是看得见的爱，通过工作来爱生命，你便了悟了生命的全部意义。"

对教师来说，"勤"是认真工作；对学生来说，"勤"是勤奋学习。然而，充满劳绩的生活未必是有诗意的。如果劳绩建立在激烈的竞争以及无休止的、枯燥重复的工作和学习之中，这便是对生命的异化，无论如何也升腾不出诗意。

所以，"诗意栖居"其实对"辛勤劳作"有了限定——我们的劳作可以是辛苦的，但它必须是有意义的，是遵循事物发展（教育）规律的，是能促进我们的劳作对象（包括自己）健康发展的，是有一群志趣相投、团结友爱的队友的。

这样的劳作赋予我们快乐和意义。教师因此实现自我的职业价值、生命价值，学生因此而度过一个美好的童年。

快乐本身就是诗意，美好本身就是诗意。

教风：眼中有爱，行中带尺。

这是母性之爱和父性之爱的另一种表达。

"眼中有爱"强调的是师爱。"当你讨厌一个孩子的时候，你的教育还没有开始便已经失败了。"爱是教育的基础，它本质上仍然是对一个生命的信任，是"相信种子"。如果你心中有爱，爱自然会从你的目光中流露，一个眼中有爱的老师，不会对学生使用暴力，不会用言语讽刺和辱骂学生，他/她的心是柔软的。

但教育不应只"眼中有爱"，也要"行中带尺"。前者是母性之爱，是对生命无条件的信任和接纳；后者是父性之爱，给予生命规则感和方向感。

所以，"行中带尺"中的"尺"，第一层含义是"戒尺"。不是说要去体罚学生，而是要在学生犯错的时候，用恰当的方式让他/她承担后果，得到"等值的惩罚"。没有惩罚的教育是不健康的。

只有母性之爱的教育是羸弱的，只有父性之爱的教育是伤人的。

第二层含义是"尺度"。不只是惩罚要有尺度，教育中的方方面面都要有尺度。一节课的教学设计，讲什么，用什么方法讲，要有尺度；一节课的时间安排，每个环节用时多少，要有尺度；学校一学期的活动安排，什么频率，什么规格，要有尺度；学生的作业布置，量的把握，形式的丰富，要有尺度……

最好的尺度就是"恰到好处"，就是极致的中庸。不断地修炼自己，让尺度内化于心，让自己一出手便"恰到好处"，化万物于无形，应是一名教师不懈的追求。

学风：理解迁移，审辩创新。

学习首当勤奋认真，但这一条已在校风"辛勤劳作，诗意栖居"中包含，就不在此处强调。

学习上，我们强调"理解"。基于理解的学习才是有深度的，知识才能活起来。当知识在头脑中活起来，我们才会自然而然地将它进行迁移、应用，它才能真正为我们服务。

在对待知识和信息的态度上，要常常审辩。审辩就是多问几个为什么，从多角度去看问题，不迷信，不盲从，敢于挑战权威，能够独立思考。有了这样的思维能力，便为创新打下了基础。改变旧事物，或发展（创造）新事物，是社会进步的关键要素。

三风一训，不能只是贴在墙上，更要内化于心，外显于行。

有一种幸福，叫"我教的"

1

每晚入梦前，一日长昼里的事常常会自动浮上心头。

不是有意"三省吾身"，而是一种自然而然。

这些事像是被什么东西筛选过了似的，有时只是一个小小的瞬间，一个表情，一句话。

就像有天晚上，我忽然想起早上踏进教学楼时，二年级的森在我面前潇洒地转了一个圈，说："原校长，今天太冷了……"我下意识地看了看他身上的衣服——外套脱了，只穿了一件薄薄的线衫。正打算说他穿得太少了，但没等我开口，他便接着说道："都能吐出烟儿了。"然后他张开红红的小嘴，"噗"地吐了一口气。

我哑然失笑。

他发出的"烟儿"这个音，颇有些东北话的味道，一定也是这个场景能自动跳入我脑海中的一个理由。

我没有看到他吐出的"烟儿"，可能是因为我们在室内。但我相信，在他对我说这句话之前，从家到学校后的这段时间，他一定"噗噗"地吐了好多次"烟儿"。

经他提醒，我立刻想起早上坐进车里时，看到挡风玻璃上有一层白白的霜。而前一天是没有的。

是的，这份不易觉察的冷，被孩子用自己的方式捕捉到了。

2

昨晚跳入脑海的，是一句话——我教的！

与这句话同步跳入脑海的，是穿着白色卫衣的斐斐，右手食指向前一指，再收进食指，转而伸着大拇指指回自己的动作。以及伴着这些动作说出这三个字时，她姣美的脸上的那种骄傲。

真好！

在我们教研的过程中，她讲到那段故事的时候，重复了好几次这样的动作和话语。

坐在她对面的我，眼里满是欣赏、喜悦和共鸣。

这个姑娘啊，和我一起来到加斯顿小学。

那还是 2018 年的暑假，刚任职加斯顿小学校长的我要为孩子们找一个舞蹈老师，以开展"全人之美"课程中的"舞蹈课程"。

她的简历，有点炫。

参加过多地春节联欢晚会、电视台节目颁奖晚会，参与过美国 LULA 黑人舞团的排练和演出以及多种专业比赛，她还在宋祖英巡回演唱会上担任过舞蹈演员。

在简历所附的照片里，我看到的是各种活动背景下，一个化着精致的妆、美丽动人的姑娘。

"能展示一段舞蹈吗？跳什么都行。"面试现场，我提出了要求。

"就在这儿吗？"她看了看我的办公室（其实就是学校的图书馆）。

"对，这个场地行吗？"我问。

"可以。"

随着手机音乐渐起，她跳了一段民族舞。

对于一个从小只勉强上过三四次舞台，表演过所谓的"舞蹈"的我来说，面对这样一个姑娘，我觉得我的生命是留有一定遗憾的。

就这样，她入职了。

3

因为有她，我们的小桥音乐会上，舞蹈几乎撑起了小桥节目的半边天。

而她教舞蹈的过程，比一般的舞蹈老师要难。

我们的多功能厅之所以"多功能"，是因为它兼具舞蹈室、跆拳道室、舞台、会议室等多种功能。墙面有一排镜子，但是比较矮，孩子跳舞时并不能从镜子里看到自己和老师。这就为教学增加了难度。

斐斐老师在教孩子时，用的全是镜面动作。

孩子需要先伸右手，她示范时就要先伸左手。

而在备课时，她所参考的视频也要经她的大脑重新处理成"镜面动作"，以便让孩子们更好地学习。

不是一两个"镜面"，而是需要用到手、脚、胳膊、腿、转头、转身等几十个小动作的"镜面"。

她说，自己有一段时间已经完全习惯先出左手了，以前，都是先出右手。

与本能对抗，是一件很不容易的事。

不仅如此，她还在不断地突破自己。

有一次在课堂上，她带给四年级孩子的是一段街舞。

之前，她是没有学过街舞的。

在南明教育旗下的学校，通常情况下，如果孩子要学习街舞，会聘请专门的街舞老师来教。我不是特别懂舞蹈，但是我觉得，从柔美的民族舞蹈到炫酷的街舞，这个跨度有点大。

但是为了丰富舞蹈课程，她挑战了自己。

在昨天的教研课上，她在授课之前跳了一段舞蹈，意在向孩子们展示这周舞蹈课的学习内容，这是课堂设计的浪漫感知阶段。

我被这份活力和热情吸引，以至于当我恍然意识到我应该举起相机时，她已跳了将近一半。

我把视频上传到我的视频号，又转到朋友圈，文案是：美帅美帅的斐斐！

孩子们学得很好、很快。

研讨时，斐斐说："这个舞我学了挺长时间，没想到孩子们接受得这么快！"

这句话里，有为师者的不易和欣慰。

突破自己是不易的，而看到孩子们学得比自己还快，她一定是欣慰的。

因为，她是孩子们的舞蹈启蒙老师啊！

正是因为孩子们在她的带领下学习了两年多舞蹈，所以才能快速接收老师所教的舞蹈。是她开发了孩子们的肢体语言，让孩子们的"舞蹈神经元"更多、更粗壮了。

4

斐斐说，越是高年级的孩子，学习舞蹈越快。这与他们拥有两年多的舞蹈学习经验有关。

而那些刚刚入学的小豆丁们，则需要老师十足的鼓励和耐心。

"来，跟老师做这个动作——"示范完了，一看，孩子有点蒙，"没关系，我们再来一遍——"

结果，大部分孩子还是不知道怎么做。没关系，再来一遍……

斐斐边比画着动作边用甜美的声音模拟着授课现场，我在一旁看着，又想笑又深觉为师之艰。

可是，斐斐说："每次看到孩子们在小桥音乐会上展示自己所学的舞蹈时，我都可开心！我都会想：这个，我教的！"

"这个，我教的！"

"我教的！"

她描述着不同的舞蹈，不同的场景，重复着伸出食指向前，再跷起大拇指指向自己的动作，同时重复着"我教的！"这句话。

多么自豪的一句话！这是孩子的启蒙老师敢彻底自信地说出的话！

它唤醒了我的记忆。

应该是在带第一届孩子的时候（我带了一个完整的小学六年），有一天，也许是看到了孩子们的某些习作？我心里油然而生一股自豪感：孩子们竟能写出这样的作品，我教的啊！

他们入学时，一张张小脸上嵌着明亮的懵懂的眼睛，一个个拼音、汉字对他们来说都像是陌生的小魔怪。可是，他们现在竟然能熟练地组织和运用语言，写出饱含思想的文章来，我教的啊！一个个字，一组组词，一句句话，日复一日，年复一年，我带着他们进入了一个全新的世界，我是他们语文科目的启蒙老师，这是一件多么值得骄傲的事！

5

"我教的！"

能自豪地说出这句话，是对所有启蒙老师最好的回报。

一个从没接触过舞蹈的孩子学会自如地舞蹈，一个从没接触过乐器的孩子学会了用吉他弹奏《少年》，一个只会信手涂鸦的孩子完成了一幅幅美术作品，一个第一次穿上轮滑鞋时因站不稳而摔跤哭鼻子的孩子能自如地单脚绕桩（原谅我用词不够专业），一个总是拍不起篮球急得满头大汗的孩子能准确潇洒地投篮……这里面，有多少启蒙老师的心血！

加斯顿小学艺体组的老师不容易，但无比敬业。

因为学校小，他们每个人都承担了从一年级到六年级所有学段的教学，跨度之大，实为罕见。

他们认识学校里的每一个孩子，熟知他们的性格和个性。

而了解教育的人都知道，一年级到六年级，虽然同属小学阶段，但孩子的差异非常大。

一年级还是天真可爱的小宝贝，中年级已逐步进入青春前期，自主意识萌发，在向往自由与保证自我安全之间来回转换。而到了高年级，十一二岁的孩子多数已提前进入青春期，个性、叛逆……每一周，甚至每一天，都要面对不同年龄段的孩子，即时转换教学方法和内容，这对老师来说，是一个很高的要求。

更何况，我们每个年级的教学内容都不相同啊！

拿器乐来说，孩子们一年级学习口风琴，二年级学习葫芦丝，三年级学习双管巴乌，四年级学习尤克里里，五、六年级学习吉他。而这几门乐器，都是由一个1997年出生的姑娘杨晨老师在执教，孩子们学习的进度还非常快，几乎一节课一首曲子。撑起小桥音乐会另半边天的器乐节目里，饱含着晨姑娘多少心血和不断学习、突破自己的辛苦！

还有鹏璐姑娘，原本她可以每年重复自己的美术教学内容，但她总是不断地萌生新的创意，力争带给孩子更多的东西。上午淡烟老师在跟我聊时，还不停地夸赞她和魏冰老师在研究如何将美术、科学课程与农历的天空下课程融合时的用心和创意。作为美术老师，她不仅有一双灵巧的手，也有一双善于捕捉美的眼睛。校园栅栏内外那些蒙着尘灰的"蔷薇果",经她一摆弄,便是一份小温馨。

不停地汲取、学习,尽最大努力去带好自己的这门学科,是每一位加斯顿艺体组老师的担当!

他们都可以自豪地说:"我教的!"

不,不仅是艺体组的老师,加斯顿的每一位老师都是这样敬业的!

比如公众号的小编李芳老师,哪怕只是做公众号,她也极为用心,每个版面都设计得赏心悦目,以至于南明教育团队旗下学校和机构都极力邀请她做自己团队的小编。但我知道,她有多辛苦!她经常早上坐到办公桌前,除了吃饭、上卫生间,就像钉在了那个位置上一样,手里永远握着鼠标。

我们的语、数、英学科老师,教学中遇到的辛苦和对教学工作的用心也是无法描述。(敲出这几个字,我的泪已经盈上眼眶了⋯⋯)

就算是刚入职一个月的前台姑娘,为了让失物认领处的衣服和杯子找到主人,一张张给它们拍照、整理,联合小芳姑娘,做出了别出心裁的"周报"发到班级群里,希望物归原主⋯⋯

身处这样一个团队中,我常常感叹:有你们,真好!

有你们,真好!

我心中的最美大课间

1

开学前过课程计划时,体育老师问:"大课间怎么安排?"

朗星小学建校三年来,大课间的活动安排经历过几次调整。

第一年,只有一个年级,全校四个班级,大课间到操场上集体跑步。就是常见的每个班一个方块队,班主任和副班前后护队,跑上两圈,再走一圈。这不是我理想的大课间。但初到新环境,我以为这是上级统一要求的课间活动,也就没说什么。

后来发现有"最美大课间"评比,各校可以申报,才知道大课间是可以自己设计的。设计,意味着要在大课间举行各项体育活动。我就想起了之前参观过的一些小学,大课间铃响,孩子统一到操场上,依次进行几项体育项目,然后整齐地撤退,回到班级喝几口水开始下一节课。这种整齐划一也不是我理想的大课间,可想而知,我们就没办法申报。

在知道大课间活动可以由各校自行安排后,我们尝试过分年级进行篮球操,还尝试过让孩子们统一跳几分钟健身操后自由活动,还买过一批体育器材,把老师们分组,让老师们带着孩子踢毽子、滚铁环、跳皮筋、跳大绳、打羽毛球……一段时间后,随着天气渐热,加上器材损坏较多,也就暂停了这种方式。

当体育老师问大课间怎么安排时，我又想起了我心中的最美大课间，用八个字可以概括——自由活动，自行安排！

2

自由活动就是孩子们想干什么就干什么。老师只需要积极鼓励孩子到室外去，让眼睛感受自然光。

孩子可以约上几个小伙伴到操场上打篮球，好吧，哪怕两个班级约一场篮球赛也好；可以到"动物园"喂喂鸡、鸭、鹅、兔、羊，与小动物们亲密互动，若能发现一枚蛋就更快乐了；可以和小伙伴一起玩地绘游戏；可以打乒乓球；可以去"青青草原"打滚，躺下来看看白云飘动；可以在小足球场上玩编花篮、老鹰捉小鸡……或者，什么比赛、游戏都不想玩，只是与三五好友一起在校园里边走边聊天，一起发现一棵不知名的小草开了不起眼的小花，还有那些青青的小蚂蚱呀，忙碌的小蚂蚁呀。对，发个呆也好呀，我想和周围保持点距离，在我自己的世界里待一会儿……

我们都知道，自由对于童年来说有多么重要！

三十分钟大课间，为什么不能让他们自由活动呢？这很可能会成为他们一天中最快乐的一段时光。

3

自行安排就是各班级、各学科老师根据需要，临时性地安排大课间活动。

比如明天要进行小桥音乐会了，我们班的节目还不太理想，利用前一天的大课间练习一下，可以。比如马上要演出童话剧了，孩子们的剧照还没有拍，来，孩子们，咱们这个大课间拍照啊，大家都到蔷薇花下集合！比如体育组要进行三、四年级篮球联赛，好，这一周的大课间都可以进行体育赛事，今天"三（1）对三（2）"，明天"四（3）对四（4）"……愿意观赛的就到操场上加油助威，不想观赛的自由活动。比如英语组要举行"英文歌曲大赛"，话筒一支，评委席一摆，唱吧，连续比赛几天，决出最佳歌手。或者，哪个孩子的作业又没完成，乖，大课间，老师在教室里陪着你……

学校需要这样一段弹性时间，可以让大家自行安排。这是一种必要的喘息，孕育着美好，呈现出生机。

这真的是我心中的"最美大课间"。

4

有人说，不是得利用大课间让孩子们好好锻炼身体吗？可是，锻炼身体不是体育课的事吗？一周四节体育课，基本保证了每天有大约一个小时的体育活动时间，况且，大课间自由活动，很多孩子也会自主地进行体育活动呀！

当然，自由中不仅会有生机，也会有危机。

比如安全问题，场地使用问题（如"青青草原"让二年级玩，还是三年级玩，还是轮流玩？），高低年级同学交往问题，学校公共设施保护问题，等等。这就需要让自由伴随着纪律。

老师要事先跟孩子们讲好规则，讲好注意事项；过程中观察，发现问题；及时反馈，解决问题。慢慢地，孩子就在自由中、在一次次犯错中学会了玩耍，成长不就这么发生了吗？如果因为担心安全问题而统一活动，在我看来，难免因噎废食。

2024年5月份，学校迎接了一个百人参访团，一位参访嘉宾在文字中记录的这段话，就是我理想中大课间的模样，那么从今以后，何妨让它变成一年四季的日常，而非因为天气炎热或寒冷才能实现。

在朗星小学的三十分钟大课间，学生以几乎散乱的形式活动，从形到神地舒展生命，在真正地享受自由的空间。

有的在楼道观看绘本画作品，有的在一楼打乒乓球，有的在"空中花园"中抛皮球，或者三三两两在说话，有的围成一圈浇洒刚出头的植物，或者在空地上追逐撑打，笑声洋溢在阳光下。还有大部分跑到楼前操场上，借来跳绳、篮球、投壶等（运动器材库就在操场边，靠墙且简易），放肆地运动，无所顾忌地运动，老师也参与其中。隔着四楼的玻璃都能听到欢乐的笑声。那些自由奔跑的身影，那些投篮的稚嫩，那些大绳下的悦动，都在阳光下真实地发生。

课间，没有整齐划一，没有大气磅礴，没有做出来的震撼，没有刻意给远道而来的客人看，如同四季轮回，风儿的呢喃、树木的抽枝、花儿的绽放，按照各自喜欢的方式生长，和而不同，呈现各自的美丽。

所有的规则都要伴随着解释

有几位老师感慨：咱们学校的管理真的太人性化了！

我不由得往深处想了想：到底什么是"人性化"？这个问题抛给 AI，它的回答是：人性化管理就是尊重人、理解人、关心人、发展人。

那没错了。我多次说过，"全人之美"课程是眼中有"人"的教育。这样的教育落到"管理"上，必然是人性化管理。

正好我想写一篇文字，用实例来阐释下"所有的规则都要伴随着解释"这句话。当"人性化管理"也闯入我的脑子里时，它们忽然产生了碰撞，发生了反应。我发现：让所有的规则都伴随着解释，是实现人性化管理的重要方式。

1

朗星小学教学楼的大厅里有一面墙，素雅的背景上竖印着几句话，看似简单，但它们却是学校奉行的重要的价值观和行为准则。

其中有一句话是这样的：所有的规则都要伴随着解释，学校是"讲理"的地方。前半句话是我经常听魏智渊老师说的，听一次就记住了，然后在工作中慢慢领会；后半句话是我加上的，也是对这句话的进一步阐释。

但这里的"理"并不是大道理，不是说教，而是"理由"。我是在提醒老师们：当你向学生宣布一项规则或发布一个决定时，一定要"解释"，要告诉学生们为什么要制定这个规则或做出这个决定，要说明理由。

这实在太重要了！因为你的解释是在帮助学生理解这项规则，只有他/她深刻理解了，他/她才能更好地遵守和执行，也才会感到自己是被尊重的，而不是一个只能听从命令、执行命令的工具。

这条准则当然不仅仅适用于师生之间，也同样适用于领导和下属之间，适用于父母和子女之间，适用于一切带有管理性质的人际关系。

应用于学生管理的例子很多，比如，为什么不能在走廊上奔跑？为什么洗餐具时要带着餐具盒，最好不要只拿筷子和勺子？为什么要爱护课桌课凳？等等。

举两个离得最近的例子，一个是工作，一个是生活。

2

前天学校进行一、二年级各班期末庆典。一年级四个班级的庆典是 8∶30 开始，二年级是 10∶00 开始。

8∶00 左右，教务处老师在群里发消息：有老师问一、二年级学生假期能不能借教室里的图书？

原本学校是没有让一、二年级学生借班级图书的计划的，因为学校的阅读馆整个假期依然对学生开放，学生们看书可以到学校来借。但是在三年级进行学科总结时，我提出三年级暑假是推进海量阅读的黄金期，还是希望家长能够为学生们提供足量的书源。而对于我们的家长来说，书源的提供还得主要依赖学校。

有些学生放假后是要回老家去的，也不能到学校阅读馆进行图书借阅，一个假期荒废掉实在太可惜！而且期末前，各班也到了一批新书，我们还是希望能把它们利用起来。最后，大家一致决定：三年级每个学生在期末庆典结束后可以在班里借10本书，自己登记，开学后如数归还，丢失补偿。假期里如果条件允许，可以跟小伙伴交换着读。

当有老师问一、二年级学生能不能借书的时候，我迅速在脑子里分析了一下一、二年级学生的情况，当面跟相关负责人交代道：二年级学生可以借，同样是10本，但必须是桥梁书（或故事类的童书），不能借绘本；一年级学生不能借，因为一年级学生的阅读还是以绘本为主，借10本回去，一会儿就翻完了，一个长假后难以保证图书完好。而且借书需要登记，一年级学生自己写10本书的名字，对于他们来说要花很长时间。

虽然我解释清楚了，但可能因为时间紧迫等原因，教务处在发通知时，只简单地说了一句："不让一年级学生借书，大家相互通知。"

我连忙在这个通知后又解释了一下，并在教务群里再次叮嘱：所有的规则都要伴随着解释。

很多时候，被管理者（老师、学生、子女）经常感觉规则是硬的，就是因为管理者不解释——你只需要执行就行了，不用问为什么。有些管理者觉得，执行就是你应该做的事，你不能问为什么，问了就是挑战我的权威，是工作态度有问题。在这样的管理理念的主导下，人就不是被尊重的个体，而只是执行命令的工具。

3

再举个非工作的例子。

昨天小天儿同学正式放假了。我还有其他事情，两天后才能回去，他爸爸去青岛接姐姐了，也不在家。但他归心似箭。于是，我们就请朋友帮忙过来把他接回去，跟着爷爷奶奶。

因为知道他回去后，晚上经常会跟小朋友玩到很晚才回家，我就叮嘱他："你晚上如果出去玩，一定要带电话手表！"他顺口就答应了。

没有走心，我知道。

然后我就给他讲了一段话："我和爸爸在家时，你晚上出去玩，我们如果联系不上你，会有些担心，但相信你一会儿就会回来，一般情况下不会去找你。但是如果我和爸爸不在家，你到了九点以后还没有回家，爷爷就会非常非常担心你！他一定会去小区里到处找你。你想想，那么晚了，一个八十多岁的老人，迈着蹒跚的步履在小区里焦急地寻找……那种场景你想想，那种心情你能体会吗？"

我能感觉到他被这段话触动了。然后我又问："如果出去玩，一定要带啥？"

"电话手表。"

"一定记着啊！"

"好！"

也许，他在小伙伴呼唤他出门时一高兴可能还会忘带，这是孩子的天性。但我知道，他忘带的概率会小一些。这就是"解释"的重要性。

4

让所有的规则都伴随着解释。这是对人的尊重——我不是在生硬地要求你,而是在取得你的理解。

让我们一起创造道德的生活。

专业,意味着自动化能力越来越强

在班主任群里看到王宁主任发的一组照片,除了两三张不整洁的地面之外,其他几张都是脏污的桌面,颇有触目惊心之感。

上图为其一。

随即截图发到行政负责人群,问:这些桌面是几年级的?

王宁回复:二年级的。

我又问:一个班还是几个班?

他说：一个班。我来上课了，在班里拍的。（上节课是科学，用了剪刀，地上碎纸多些。）

王宁是体育老师，因为这天下雨，所以在室内上课。我一面感慨——到底是德育主任，对学生的不良行为具有高敏感性，心里不由得又暗暗为他点了个赞；一面开始回复：

不管上啥课，桌面不应该弄成这样吧。抽空各班转转，看是这一个班是这种情况，还是整个二年级都有这种情况，一年级和三年级也转转，确定一下暮省范围。

暮省建议如下。

1. 放照片，问：如果你来到朗星小学，你的面前是这样一张桌子，你是什么感觉？

2. 你用过的桌子以后会有新来的小朋友用，如果他／她来到朗星小学，用的是这样一张桌子，心里会是什么感觉？

3. 我们应该怎么做？

4. 延伸：我们教室里的桌子、椅子、书柜、黑板、墙面，等等，以后都会有一批又一批的新同学要使用，现在朗星小学只有两岁多，等她十岁了，二十岁了……她还能不能这样干净整洁？我们作为第一批使用者，该怎样爱护她？

5. 学校还有哪些地方是需要我们爱护的？怎样爱护？你能不能给其他同学一些建议，请他／她一起来爱护我们的校园和公共物品及设施？（可以往自由写作上拓展了，甚至可以作为一期国旗下演讲的主题。）

敲完就按回车键，发到群里了。

发完后看看时间，从我发截图到发这段话，用时一共是十来分钟。可以说，我完成了一个暮省自动化的过程。

所有的暮省建议都是以问题的方式呈现的。

由照片引入，从"自我"的感受出发——如果你来到朗星小学，你的面前是这样一张桌子，你是什么感觉？

再由己及人，引发学生的同理心——你用过的桌子以后会有新来的小朋友用，如果他/她来到朗星小学，用的是这样一张桌子，心里会是什么感觉？

将心比心后，问学生——我们应该怎么做？

接下来由此及彼，防患于未然，激发学生作为第一批使用者的责任感——我们教室里的桌子、椅子、书柜、黑板、墙面，等等，以后都会有一批又一批的新同学要使用，现在朗星小学只有两岁多，等她十岁了，二十岁了……她还能不能这样干净整洁？我们作为第一批使用者，该怎样爱护她？

最后激发学生头脑风暴，成为守护者，呼吁大家一起爱护校园——学校还有哪些地方是需要我们爱护的？怎样爱护？你能不能给其他同学一些建议，请他/她一起来爱护我们的校园和公共物品及设施？（可以往自由写作上拓展了，甚至可以作为一期国旗下演讲的主题。）

这一条条写下来，破折号前的部分都是潜意识里的东西，自动化地推动着我给出一条条建议。虽然这份建议可能有不完善的地方，但我心里也清楚，大部分老师还没有形成这种自动化的能力。

这可以说是一种专业能力。

我又想起前两天因为一件事情请教一位律师朋友。本来我觉得请教的是件很小的事，只是有一个点不是太清楚，想用他的专业知识把查阅相关法律的大块时间节省下来。但他在短时间内，给出了六条逻辑严谨的建议，我看后连连赞叹：太专业了！不得不佩服。

他说：唯手熟尔。

这就是自动化。

做任何一个行业久了，都会在某种程度上自动化。通常意义上的自动化一般都与操作有关，烙煎饼果子、做珍珠奶茶、车间里负责某道工序……都能够达到自动化。但这些自动化大多只是身体的自动化，不需要动用太多脑力，绝大部分人经过练习都能达到。

而脑力劳动的自动化就是专业化的呈现：律师拿到一个案例能很快给出处理流程；医生看到一份病例，脑子里也会自动生成一份诊断流程；一个问题学生的案例交给教育专家，专家头脑中就会自动生成一个转化清单……这些，都有赖于他们在自己的专业领域以日以年的研究、总结和反思。

工作在一个人的生命中占据重要的比重，想让工作更得心应手，从中获得更多尊严感和幸福感，就需要不断地朝向专业化。

某一天，当别人为你的专业赞叹的时候，希望你也可以莞尔一笑：唯手熟尔。

学校是允许孩子犯错的地方

1

在校门口目送回家吃饭的孩子们离开学校后，我返身回教学楼。

进一楼大厅，不经意间看到阅读馆的灯亮着。出于好奇，我走过去看了一眼，这可不得了！这小小的阅读馆自建成以来，除了进新书时，可从没这么乱过！

但我心里感到一阵欣喜——乱，说明有孩子来过；有孩子来过，说明这个阅读馆被使用了：也许是在操场上课的老师有点空闲时间，让一些孩子来读了会儿书？也许是哪个班的孩子在老师的授意下享受了一会儿阅读时间？

虽然建这个小阅读馆的主要目的是解决孩子们假期读书的问题，上学期间孩子们主要阅读教室里的图书，但它能时常被使用也是好事呀！

所以，带着欣喜和探寻真相的目的，我拍了个小视频发在了教师群，并问："发生了什么？哪个班孩子来这儿看书了吗？"

周书记紧跟着开玩笑式地说："这是被抢了吧？"

我又问："有亲历者或知情人吗？"

过了一小会儿，我看到千越姑娘回复："我核实下是不是我们班的，今天他们下去借书了。"

又过了一会儿，千越在群里发了个小视频，我们又聊了两句。

下午上课前，千越姑娘已经做好了暮省PPT，分享到了语文组，供有需要的老师使用。

一场"事故"就这样变成了故事，也变成了孩子们成长的契机。

2

晚上回想这件事时，我又想到了早上晨诵课后的课间发生的事情。

当时，我在三楼连廊处，先是看到新入职的小伙子周鹏在"青青草原"上（我们把三楼一个露天小平台铺上了假草皮，供孩子们撒欢，"青青草原"是孩子们为它起的名字），几个孩子围着他，拉着他的胳膊。这个长着青春痘、文字温暖有爱的大男孩明显很受小朋友喜欢。

我的目光又往近处移——扎着两个小辫子的丁丁姑娘正被一个小女生搂抱着，几乎是挂在她的腰上。

等我走到南三楼的走廊，她已经开始给小朋友表演踢毽子了。我举起手机"咔咔咔"连拍了几张，组合成一张图片发到了群里，后来丁丁姑娘回复："想

着好好跟小星星展现一下我的踢毽子水平，最后只踢了 3 个。"她在这段话后带了两个意为"笑哭"的表情包。

这个好看的姑娘，上周还趁器乐课的时候跟着班里的孩子们一起学葫芦丝，因为比他们先学会，下课后孩子们"不服气"地抓紧时间练习。

我拍照的时候，那个见到我就喊我"校长姐姐"的二年级小姑娘噘着小嘴走到我跟前，嘟囔了一句什么。

我没听清，又问了一下。她把我拉到"草原"入口处，指给我看。顺着她的手指，我看到这样的画面——

哦，原来是几个男孩把几个轮胎摞起来玩，她不能玩了，所以她不开心。

恰好她的班主任亚如老师也过来了。

这位亚如老师呀，被颜景老师称为"门神"。她本来没有值周的任务，但一到下课，她就会站在"草原"门口，关注着孩子们的情况，护导着他们的安全。优秀的老师身上都有这样一种责任感。

小姑娘又给亚如老师抱怨了一下，亚如老师看了看，摞轮胎的主要是自己班的孩子，就给小姑娘说，回班后跟孩子们说一下。

我把照片发给亚如老师供她暮省用，可以想象，孩子们会从这次暮省中懂得更多游戏的规则。

3

在朗星小学的价值观里，有这样两条：

所有的问题都是发展的契机。
学校是允许孩子犯错的地方。

这两条说起来容易，做起来难。

很多时候，我们惧怕问题，不希望孩子犯错。因为每一次问题的解决、错误的修正都需要付出更多的时间和精力，所以它们的发生总是先引起我们的不良情绪：

烦躁——怎么又出问题了？恐惧——领导会不会批评我？家长会不会埋怨我？同事会不会非议我？……

所以我们不希望有问题，也不希望孩子犯错。但人非圣贤，孰能无过？（圣贤怕是也会有过错。）

最好的心态就是将一切问题都当成个人成长、孩子成长以及学校发展的契机，允许它发生。怎样才能勇于接受问题？

一是要经历。就像要提高写字速度必须多写字、要提高阅读速度必须多读书一样，面对问题时的淡然心态，也必须在经历一次次问题的过程中逐步形成。

二是要修炼自己的专业能力。专业的教育能力使我们拥有解决问题的底气和自信，只有有了这样的能力，我们才敢于欢迎错误、欢迎问题，否则就仍然畏惧问题的发生。

共勉。

工作中，绝大多数时候用不着发脾气

1

一个周五的晚上，我收到了一条长长的信息。

一位班主任给我发了几段小视频，然后委屈地诉说他们班的童话剧演出出现的各种事故：

- 演员表播放几遍了，服务的老师还没有到位；
- 演出时，对面教室的学生下课时在走廊上跑，干扰到候场小演员，导致小演员不知道什么时候上场；
- 演出完老师查看录像，想剪辑一个小视频，发现录的视频根本没法用……

看完后，我先是狠狠地心疼，就给她发了"收到反馈"四个字和两个抱抱的表情。

2

我做过班主任，排过童话剧，深知排一场童话剧的不容易；也知道学生们对演出的期待，理解她在遇到一系列意外后的伤心以及失落的情绪。

这些"事故"中，除了环境是导致"事故"发生的外在客观原因，需要想办法解决之外，其他两个原因都与"人"有关。

每个班童话剧演出时，除了班主任和副班外，还需要艺体组的一些老师来帮忙完成一些事项，比如摆放话筒、调试音响、安排摄像等。

那天干国祥老师正好在跟艺体组教研，童话剧演出开始时教研还没有结束，所以我去不了演出现场。于是，在另一位老师的紧急催促和提醒下，两位服务的老师赶紧过去了。因为那几天忙，我没有特别留意那个班级童话剧演出的具体时间，得知因为人员没到位耽误了演出时，我立刻在艺体组群里强调："服务童话剧优先，大家以后记着这个原则。"并在心里暗暗祈祷，希望演出顺利。

送走干老师后已经放学一会儿了，我还惦记着这事，特意去教室那边看了看。看到班主任刚好从教室里出来，我问了她演出情况，她说虽然有点小意外，但也算顺利结束了。看着她状态还好，我悬着的心才放下来。

没想到晚上又收到她那么长的信息。

因为教研耽误童话剧服务工作这件事算是已经处理过了，但是摄像出现这样的事故，是需要追责的。

我带着疑惑，查了一下负责摄像的老师是谁。一看，是刚来的一位新老师。

我立刻意识到，这个事故，学校应该负主要责任。

因为是新老师，他首先并不了解童话剧演出对于一个班级的重要意义，其次也没有人告诉过他做摄像等服务工作有什么注意事项，有哪些标准或要求，只是把任务分配给他。这种简单粗暴的安排是导致这个事故的主要原因。

当然，可能也有一些客观原因，但解决了主要原因，客观原因是完全可以避免的。

想到这儿的时候，我就跟班主任做了一些交流，解释我理解的出现状况的原因，并表示在下次艺体组教研时，我会跟大家强调如何做童话剧服务工作。

3

艺体组教研。

在评完教研课之后，我把几个小视频发到了艺体组，并大概解释了一下这几个小视频的来历。然后我说，这件事情的主要责任在学校，是学校没有告诉新老师童话剧的重要性，也没有叮嘱教研组组长给大家强调应该怎样做好服务工作。这件事情给教研组乃至学校提了个醒，以后我们需尽全力避免这类事件的发生。

接下来我向大家简单介绍了童话剧课程以及童话剧演出对一个班级的重要性，强调：

1. 在大多数情况下，服务童话剧优先。哪怕是干国祥老师在教研，你也不能因为不好意思离开而耽误童话剧服务工作，干老师绝对会理解你的先行离场。

2. 无论自己分到了哪项工作，都要认真对待。负责话筒就保证话筒不出问题，负责照相就努力让交到班主任手里的每张照片都是高质量的，负责摄像就要保证视频的质量……

3. 教研组组长在安排负责人的时候可以兼顾个人特点。有人擅长摄像，就让他/她负责摄像；有人对音响、灯光等设备熟悉就安排他/她负责音响、灯光。

4. 必要时进行岗前培训，确保安排的人员能够胜任这份工作。

正如我给向我反馈的班主任说的："我相信提醒到了、要求到了，咱的老师就都能够尽最大努力去做好。"

4

　　由此迁移开来。有时候学生的一些行为惹我们生气，往往是因为我们没有给学生讲清楚，或者学生不知道完成一件事情的标准是什么。我们认为他们知道，实际上他们不知道。

　　而我们还因为他们的错误把自己气得不行，也把学生们吵一顿。这是完全没有必要的。

　　更多时候，我们的愤怒是因为缺乏沟通导致的。我们不了解事情的全貌，只看到了结果，没有分析原因或没有了解原因的条件，就为这个结果而生气，乃至心灰意冷，受情绪裹挟。但当我们剖析原因之后，就发现很多事情可以理解了，接下来就是想办法避免此类事件再次发生。

　　作为领导，职位更高的同时意味着站位也更高，往往比老师们掌握的信息更全面，也就更容易看到结果背后的因。这时候，领导就务必要起到一个"疏通"的作用，就是把你看到的、理解到的尽量解释给老师，让大家也理解。理解了，大家就都能够继续心往一处使，把工作做得更好。

　　如果领导只是不分青红皂白地批评一顿老师，也许老师的工作质量是提高了，但损伤的是大家看待问题的眼光、分析问题的能力，以及大家工作的幸福感。

　　所以，做管理工作时，绝大部分时候都不需要靠批评来管理，用不着发脾气。用理解和期待激发每个人的善意，一起朝向幸福、完整的教育生活迈进吧。

不要让班主任成为学校里最弱势的群体

印象中我在校讯通博客里写过一篇文章,刚发布就被推为"精华",主题是关于班主任的。文章的三个小标题我大致记得,它们构成了这篇文章的骨架。我说,班主任要有三大热爱:一是热爱生命,这是人生的底色;二是热爱教育,这是教育的底色;三是热爱学生,这是目中有"人",把工作做好的基础。那时我也就二十一二岁吧,文章字字句句都是我从教两三年后真切的思考。

文章开篇我就写道:有一句话叫"不想当将军的士兵不是好士兵"。我认为,不想当班主任的老师也不是好老师。

这是我的真心话。我从师范毕业后,因为学校新增了几十台计算机却没有会教的老师,懂得一些计算机入门知识的我就被派到了计算机教师的岗位上。三年后,我一门心思地给学校申请要当班主任!要教语文!那时,我觉得只有做了班主任才是真正在做教育,因为只有班主任才能与每一个活泼泼的生命进行深度的链接。

后来,我的心愿终于实现了。2002年9月开学,我拥有了一个班,有了72个学生(后来最多发展到94个)。那真是激情燃烧的岁月啊!哪有什么高深的教育理论、专业的教学技能,全凭着一腔热情和一点做老师的天赋,用六年时间带了一届非常出色的学生。直至五年前我开始做校长,才逐步脱离了班主任岗位。

也许是因为做过多年班主任的缘故，最近几年虽然做了学校的管理者，但我一直对班主任群体有着一份心疼和敬意。

他们是真正在教育里摸爬滚打的一群人，是学校里精神最为紧张、身体最为劳累的一个群体。

这几年我所在的学校使用的"全人之美"课程系统，它背后有一种文化做支撑。在学校文化中，非常注重缔造完美教室，也就是说，一个班级的文化、愿景、规划、规则，学生们学习的节奏、班级氛围的建设，等等，都有赖于以班主任为首的教师团队以日以年地耕耘和守护。在这个系统中，大语文课程丰富、深邃，能够极大地滋养学生的生命。但是要执行好这个大语文课程，最好是由班主任来做语文老师，这样能更深入地影响到学生。所以，班主任就更加繁忙。

学生们到校，早餐前做什么？班主任要安排。

组织用餐，关注学生们用餐情况（若是低年级学生，还要帮学生打餐），有个别吃得少的要及时询问原因。吃完后组织收餐具，开始器乐日课。

全校只有一名器乐老师，每天早上巡班指导，一间教室只能待上两三分钟，剩下的时间都需班主任组织，于是，班主任就成了半个器乐老师。

器乐练习之后是晨诵课，每天一首诗歌，仍然是班主任的课。

午餐、午休、阅读课，班主任大多全程负责，也兼学科老师和生活老师。

下午20分钟的暮省课，班主任要带学生们一起回顾一日生活：入暮思省，一天回望，是否勤奋，有无独创？

一日毕，班主任或组织学生打扫卫生，或送学生们至校门口，把学生交到家长手中。然而，一日工作，远没有结束。

课程多数都是在工作以外的时间备的。上班时，在常规事务的间隙里（往往是零碎时间），要批阅学生作业，要关注工作群内消息，要思考问题学生的教育策略，要处理大大小小的班级突发事件，要关注班级常规（柜子里的物品摆放是否整齐，卫生是否整洁，书柜是否凌乱……），还要抽时间与家长进行沟通。

每周一次的小桥音乐会，班级出什么节目，班主任要协调、筹划。

每学期一场童话剧，从带学生们共读书籍，到共读剧本，到角色竞选，到演出、导演、编剧，等等，班主任是第一负责人。

开学典礼、期末庆典、家长会的设计、准备、召开，班主任义不容辞。

家校关系的建设更是依赖班主任高超的教育智慧和技巧。

……

以上罗列的这些还都只是班主任直接作用于学生的工作。

即使是不使用"全人之美"课程的学校，班主任也大多是由语文老师担任，尤其是小学。各个学校的班主任工作虽然有一些差别，但都以繁忙为主旋律。

没有做过教师的人，很难理解教师工作，尤其是班主任工作的琐碎和辛苦。

有时想想，愿意在班主任岗位上踏踏实实工作的老师，大多都有一些理想主义情怀，是真热爱教育的人。而班主任工作的重要性想必是个老师都知道，家长也知道。在学校，班主任就是一个班级的魂，是教室的主人、学生的爹娘。能真正把一个班带好的班主任，大多也能把一个学校带好（最多经过一段身份转型期）。

现在的教育对班主任要求太高了。

第一，身体要好。因为班主任首先是一个体力劳动者，三天两头头疼脑热，班级谁管？就不说头疼脑热，身体亚健康也是灾难，一天到晚要撑在教室里、讲台上，随时准备处理学生的突发情况，晚上与家长沟通、备课——班主任白天有时间备课？不可能！最好别有失眠症，这超长高强度的工作，不能躺下就睡是不行的。

第二，琴棋书画吹拉弹唱样样都得会点。板报你不画谁画？排练节目你不得听懂个哆来咪发？遇上活动班级举办个风采展示你只会读书、教课怎能出彩？总之，你可以十八般武艺都不那么精，但最好样样都通。

第三，最好条理清晰，逻辑思维能力强，做事效率高一点，这有助于把班级工作安排得井井有条，尤其是班级卫生和学生时间的利用。当然，也有助于侦破各类案件：今天小明的新铅笔不见了，有可能是小刚拿走了，因为他之前就做过这样的事，而且他昨天还是值日生，走得比较晚；但是也不能下定论，还是得调查、取证，谈话时多注意观察他的面部表情……小林说是小利先打的他，小利说是小林先骂他，据我推测，小利说的可能是对的，因为小利平时就是个"人不犯我我不犯人，人若犯我我也尽量不犯人"的学生，他能动手打人，肯定是被逼急了，这事得处理好……

第四，成绩得能抓好。现在专职班主任大概不多吧？都得担点教学任务吧？岂止是担点，往往教学任务跟其他学科老师相比一点也不少，反而是最多的，而且往往还是主科，那是要成绩的呀！尤其是小学，80%的班级都得是语文老师做班主任，因为语文这学科，人文性强！教学的时候顺便就进行道德教育了，道德教育对一个班级来说多重要呀！在小学，"语文老师"和"班主任"简直就是绝配呀！

然而，不知从什么时候开始，流行起了一句话：老师每天都在迎接检查，抽点空上个课。

对班主任来说，"语文老师"好像是个副业，但是这个副业必须也做得风生水起。

第五，最好还没成家或者还没生孩子，要么，孩子大了不需要你管了，否则，就只能牺牲自己的孩子来成全别人的孩子。

一个学校靠什么稳定？班主任。你同意不？

如果学校里有三十个教学班，每个班都有一个给力的班主任，那么所有领导睡觉都可以面带微笑。但是若有一两个班主任不给力，你就得像个爹妈一样成天操心着这最弱的孩子。校长们，我说得对不对？

班主任是学校的半边天。我觉得，这句话，一点也不为过。

写这么多为了什么？我只想说：请善待班主任！不要让这个学校里最辛苦的他们成为最弱势的群体！

就像一个家庭一样，干活最多的家庭成员，犯错的概率也更大。如果父母不理解、不宽容，那么谁干的活多谁就是常受批评的那个人，反而是不干活的，凭几句甜言蜜语就能赢得父母的欢心。但这不公平。

行政工作固然重要，但行政的首要任务是服务而不是命令。越是职级高的领导越应该有服务精神，服务于每一个班级的发展，每一个学生的成长。一个尊重班主任的学校才能让大家之间相互尊重。而对班主任多给予一些尊重，多一些欣赏，会使班主任更乐于去承担这份辛苦，更愿意去奉献和创造。遇到问题多一些指导，少一些指责；多一些帮助，少一些评判。调动起班主任工作的积极性，他们能带动一所学校的蓬勃发展。如果本身承担着高强度工作的班主任每天都在人为的压力下工作，学校还会有生机吗？

如果你是学校的管理者或身处领导层，请善待班主任，不要让他们成为学校里最弱势的群体。

员工可以流动，究竟是私立学校的优势还是劣势？

有天晚上睡眠比较糟糕，凌晨一点我还在辗转，半夜又不断被小儿哼哼唧唧的声音吵醒——不知为什么，他昨夜也睡得非常不安稳。而每一次醒来，我就又跌落到睡前思考的问题里去：员工可以流动，究竟是私立学校的优势还是劣势？

答案是什么呢？

既是优势，也是劣势。

但我相信，好的私立学校，可以最大限度地发挥它的优势，规避它的劣势。

为什么是优势

私立学校在用人上，有突出的优势。若要确保学校不断呈良好的状态发展，对教职员工进行持续不断的培训和保持一定的淘汰率，是两条基本法则。前一条是人才培养，后一条是优秀率保持，因为总有一些人，无论如何培养，都很难成为你所需要的人，或者因为恰好他/她这个阶段呈现的生命状态无法满足学校的用人需求，权衡之下，只能辞退。

所以，私立学校，尤其是高端私立学校，在教师队伍的整体素质上，常常优于普通公立学校。

为什么是劣势

但是不可否认，私立学校也会流失一些你期待中的"长期员工"。

就是说，他们的工作做得不差，甚至很好，但是会因为个人的种种原因，比如要到另一个城市生活，有能实现自己愿望的更好的平台，想尝试教师之外的职业等，离开学校。有时候，他们就是一个地方待久了想换个环境找点新鲜感；有时候，就是因为"世界那么大，我想去看看"。这些理由，那么理所当然，那么美，学校无论多么无奈，也只能在挽留无果后，送上祝福，目送他/她离开。

如果是合同期满，能圆满地把孩子们送到某个年级再结束教学，这种主动或被动离职对学校、对孩子们的损害最小——学校可以有较充足的时间做好下一步工作安排，找合适的老师接替离职老师的工作，并充分地进行工作交接，平稳过渡；孩子们的内心也容易保持完整性，有始有终。但是学期中离职，对学校工作和孩子们都会有相对多一些的影响。

然而"无常"本就是生命的常态。即便在公立学校，一个班级频繁换老师的现象也较为常见，老师带一个班三年以上就是个小概率事件，遇到一个好老师能带孩子三年，四年，甚至六年，那实在是"烧高香"的事。所以，遭遇这类"无常"之事，学校能做的就是尽最大努力寻找目前最适合这个班级的老师，缩短孩子的适应期；若是能补充一个比原来的老师更优秀的老师，在短暂的适应期之后，对孩子的长远发展也未尝不是一件好事。

如何发挥优势，规避劣势

如上所言，我认为，一所好的私立学校，在"员工可以流动"这个条件下，能最大限度地发挥它的优势，规避它的劣势。

而越是有自己鲜明的教育主张（理念）、文化气质的学校，越能够做到这一点。

首先，在聘用教师的时候，要确保他/她达到学校录用人才的底线。比如，南明教育团队或者说加斯顿小学录用教师的底线是：热爱教育，喜欢孩子，认为学习是内心的渴望而不是外部的命令。

简单概括，就是"热爱"和"终身成长的愿望"。

但是，当今社会，找老师容易，找"热爱教育，喜欢孩子"的老师不容易，我面试过太多老师，沟通几句，就能辨识出他/她是把"教师"当职业还是当事业。所以，我们说"寻找尺码相同的人"。与南明教育团队有相同尺码的老师，你在他/她的身上常常能看到理想主义的纯粹和热情，以及对自我认识无止境的探索和对成长无限的渴望。可以说，理想的南明教育团队教师，本身就是一个自我实现着的自由人。

偶有例外。有时候，这个老师可能不是那么理想，但仍然录用了，这时候通常是因为：此时此刻，他/她是你需要的人才。他/她身上一定有某个突出的地方能够解决学校目前面临的重要问题，那么这个时候，也不妨吸纳进来，加大培养力度。在新的环境中，老师潜力得到充分挖掘，可塑性被再度开发，这也是可能的事。所以在团队发展过程中，一些特殊的人才也是可以录用的。

其次，录用了教师之后，要对他/她进行持续不断的培训。一方面是专业书籍的共读，在共读中进一步达成文化上的高度共识，提升他们教育和教学的专业程度；另一方面，是依托课程的力度，让课程引领和带动教师去成长。

一群尺码相同的人一起去做事，这是一种强大的凝聚力，因为每个人都喜欢与同类人在一起，相互交流，相互启发，体验更多生命的共鸣。这种"同类人"指的是某种生命气质相同的人，而不是性格、做事风格等完全一致的人。一个团队是需要一定的多样性的，"参差百态乃幸福本源"，多样性正是一所学校活力的保证，同类人更能达到"君子和而不同"。

最后，精神上的尺码相同和灵魂相依，仍然需要用物质作保证。马斯洛的需求层次理论中，位于较低层级的生理需求和安全需求也是要尽量保证的，它们是进行精神追求的保障和助力。所谓"仓廪足而知礼仪"，就是说，人必须满足了基本的生存需求，才能有更多的心力投入到对精神追求的满足中。

所以，一个好的团队，不仅要用文化的引领和专业的提升凝聚教师，还要尽最大力量保证教师得到合理的酬劳，这是让他们"有尊严地生活"的一部分。也只有如此，才能最大限度地保留真正需要的人才。

我们的方向

共读怀特海的《教育的目的》第一章时，看到怀特海特别强调"与生命相编织"。这是南明课程的一个特点——几乎所有的知识都是作用于孩子当下生命的，只有如此，才能激活和唤醒孩子，否则知识就是空洞的，老师的教授就容易沦为灌输和说教。

那么在人才的选用、培养和保持上，加斯顿小学将走一条什么样的路线？

成为南明教育旗下学校几年了，人员的流动原本就在意料之中。因为加斯顿小学原本就是一个团队，在融入南明教育这个更大的团队中后，除了又充实了一些教师之外，原来的整个教师队伍几乎被全盘接收。特别值得欣慰的是，王钢校长是与南明教育团队的文化和理念高度契合的领导者，所以经他手所录用的教师，绝大部分也是与南明教育尺码相同的人，这也是加斯顿小学能比较平稳地过渡成为南明教育旗下学校的重要原因之一。

然而，南明教育毕竟是一个更专业的团队，"专业"就会形成一个团队的风格，这种风格对老师的要求就会更高。尤其是南明教育的"全人之美"课程，要将它执行好，对老师的需求简直就是苛刻。所以，近一到两年，加斯顿小学的教师队伍还是会有一些调整，老师们必须经过深度的学习才能保持胜任的状态，满足不了学校用人需求的老师还是会主动或被动离职，这貌似是一件残酷的事，但它恰好确保了一所学校的良性发展。

在这个过程中，学校须尽力避免同一个班级多位老师离职。孩子的情感是纯洁的，他们对老师的爱是真挚的。在他们眼里，绝大多数老师都是他们喜欢的老师，尤其在加斯顿小学这个师生关系非常好的小学校。越是年龄小的孩子，越是无法理解老师离职这件事。如果尽力了仍不能避免，老师或父母需用孩子能够理解的方式对孩子进行引导，把这个事件变成孩子成长的资源。有时候，我真的相信：一切都是最好的安排。

我在朋友圈写过：

> 小小的加斯顿小学，七个班级像我的七个孩子，哪一个都希望他健健康康蓬勃向上。但明明尽了最大的努力为他们的成长提供支持，总是有个别孩子在成长过程中会显得不是那么顺利。

尽管如此，有爱在，仍然相信这个种子，会生长成美好的模样。

教育是一场缘分。对那些因各种原因离开加斯顿小学的老师，我在内心都感谢他们曾经为学校付出过那么多爱和热情，祈愿他们能找到更合适的地方继续实现自己的生命价值；对那些因各种原因离开加斯顿小学的孩子，我也同样祝愿他们在新的学校有快乐的生活，愿加斯顿小学在他们心中留下了一份温暖的记忆。

做一个农夫，守着这片土地，尽心耕耘，莫问收获。惜缘但不强缘。

对那些把控不了的事情，扬起一个温暖的微笑吧！把能做的事情，做到极致吧！唯此，才可无愧于心。